Common Birds of Egypt

Common Birds of Egypt

Revised Edition

with a checklist of the birds of Egypt

Bertel Bruun
Sherif Baha el Din

illustrations by
Sherif Baha el Din

The American University in Cairo Press

Cover: Lanner Falcon

Published with assistance from
the United States Fish and Wildlife Service,
the Holy Land Conservation Fund,
and BP Petroleum Development Limited (Egypt Branch)

Fourth printing 1999

Dar el Kutub No. 4790/90
ISBN 977 424 239 4

Printed in Egypt

Contents

Index of Species

Numbers refer to plates

Slender-billed Gull, 8
Snipe, 7
Song Thrush, 13
Spotted Sandgrouse, 9
Spur-winged Plover, 7
Squacco Heron, 2
Starling, 14
Sterna albifrons, 8
Sterna Caspia, 8
Sterna hirundo, 8
Sterna repressa, 8
Stone Curlew, 6
Stonechat, 12
Streptopelia senegalensis, 9
Streptopelia turtur, 9
Sturnus vulgaris, 14
Swallow, 11
Sylvia curruca, 13
Sylvia melanocephala, 13

Tawny Pipit, 11
Teal, 3
Turdus philomelos, 13
Turtle Dove, 9
Tyto alba, 9
Upupa epops, 10
Vanellus vanellus, 7
Water Rail, 5
Western Reef Heron, 2
Wheatear, 12
White Pelican, 1
White Stork, 1
White Wagtail, 12
White-cheeked Tern, 8
White-crowned Black Wheatear, 12
White-eyed Gull, 8
Wigeon, 3
Yellow Wagtail, 12
Yellow-legged Gull, 8

The figures which follow the name of the bird in the description represent its length in centimeters from bill to tail.
The letters which follow the numbers on the plates signify:
m—male; f—female; a—adult; i—immature; s—summer; w—winter.

Foreword

This is a most welcome publication. It provides brief bilingual notes on each of the most common birds of Egypt. These notes, together with the informative illustrations, will help the users of this book to identify birds that they observe. The nature conservation community in Egypt has noted the dearth of books which might help schools and youth clubs initiate and promote an interest in natural history and the outdoor activities associated with our habitat. Now Dr. Bertel Bruun and Sherif Baha el Din have come forward with this book that will enable many schools to start birdwatching societies and encourage pupils interested in bird drawing. It is hoped that this book will have sequels, dealing with other common and less common birds and with other groups of animals and plants, which will provide the much-needed material for filling a serious gap in our educational instruments. We are grateful to the author, the artist and to all those individuals and institutions who made the publication of this book possible.

M. Kassas

Chairman, Environmental Research Council,
Academy of Scientific Research and Technology

Cairo, May 1984

Acknowledgments

This book is the result of a remarkable cooperative effort by the agencies listed on the copyright page. Its purpose is to help identify the one hundred most commonly seen birds in Egypt and to stimulate interest in birds. All in all about 430 different species of birds have been recorded in Egypt. Of these about 150 are known to breed within Egypt.

It is hoped that this little volume will inspire some to take up the study of birds and many to start to enjoy the birds surrounding us. In our work to produce this book we have received generous help and support from many persons; especially David A. Ferguson, Salah Galal, Dr. Hassan Hafez, Dr. Moustapha Kamel Helmy, Dr. Hassan Ismail, Dr. Mohammed Kassas, Lawrence N. Mason, Peter L. Meininger and Wim C. Mullie. We want to express our gratitude to these and others.

Introduction

Egypt occupies an area of one million square kilometers at the northeastern corner of the African continent. It enjoys a strategic geographical position as a bridge between continents with long coasts on both the Mediterranean and the Red Sea, and the topography of its land varies from high rugged mountain ranges to absolutely flat sand sheets and immense depressions.

Of the 430 bird species occurring in Egypt about 150 are resident breeding birds; the rest are either migratory or winter visitors. The resident birds of Egypt belong mainly to two zoogeographical regions: the Palaearctic and the Ethiopian. Most of the resident breeding birds are confined to the lush green area of the Nile Valley and Delta and to some of the western desert oases. These consist mainly of song birds and water birds.

This book has been designed to help identify the commoner birds of different types of habitats by illustrating a wide selection of them, in color. The simple text aims to give a general introduction to the habitat, distribution and status of each species.

Habitats

A wide variety of habitats are found in Egypt. The diversity is great and sometimes striking, as in the great contrast of the Nile Valley and Delta with the surrounding deserts. Egypt as a whole lies in the heart of one of the most arid areas of the world, but the special geography and topography of the land have allowed a unique combination of habitats to evolve. The combination of both the geographical position and the great diversity of habitats in Egypt makes it of particular importance to many types of bird life.

The mountains of Sinai and the eastern desert hold many resident birds, mostly birds of semi-desert with a few typical mountain birds. Many of the breeding birds of prey are also found there. The Red Sea with its rich ecosystem offers suitable habitat for fifteen breeding species of water birds and seabirds. Birds adapted to desert life inhabit wide areas of the Egyptian desert. Birds like the Hoopoe Lark and the Bar-tailed Desert Lark are found throughout most of the Egyptian desert and are specially adapted to live under the harshest desert conditions.

Migration

The unique geographical position of Egypt, acting as a bridge between the continents of Europe, Asia, and Africa is the reason why so many migrating birds are concentrated in this area.

Millions of migrating birds pass through Egypt on their flight from Scandinavia, Eastern Europe, the Balkans, Siberia, and Central Asia to eastern and southern Africa each autumn, and on their way back again each spring.

Soaring birds like the larger raptors, storks and pelicans, have clearly defined migratory routes using hot air updrafts (thermals) suitable for soaring. Thermals do not develop over water, and short sea-crossings are preferred. The Red Sea and the Mediterranean act as barriers for soaring birds, so huge numbers are concentrated in the Sinai, where the only link between Eurasia and Africa occurs.

In winter Egypt hosts a multitude of birds, and it is particularly important to wintering water birds, as the northern Delta lakes act as a major refuge for many species of ducks and waders wintering in the Mediterranean.

Conservation

With rapid development, special measures must be taken to protect the environment, not least birds. Many species have disappeared from Egypt and more are threatened. The number of breeding birds of prey has greatly diminished because of excessive use of rodenticides and insecticides. Hunting is reducing the number of ducks and other larger birds. Uncontrolled trapping of quail diminishes the population of this species and the illegal capture of falcons further endangers species which are already dramatically declining. Habitats, especially wetlands, are being destroyed by drainage projects. To limit the damage, modern laws for the protection of birds are being instituted and more efficient enforcement of these laws implemented. To protect especially vulnerable areas, national parks and wildlife preserves are being created and protection is beginning to be enforced. Such important areas as Zaranik at Lake Bardawil, Ras Muhammed, and Gebel Elba were among the first such protected areas, but new ones are added every year. Most important though is a public awareness of the dangers to our environment and, through that, to ourselves. This book hopes to nourish this awareness.

Birdwatching

To look at birds and to study their ways offers great pleasure. Anyone can do it, and birds occur virtually everywhere. The birds in a certain area vary from month to month, and even short excursions to neighboring areas may offer the opportunity to see different species. The only equipment needed for birdwatching is keen eyes and ears. Binoculars are very helpful and the more experienced birdwatcher will want a guide which includes all the birds of Egypt (see *References*). Birdwatching is a hobby which can be enjoyed by people of all ages, and it is rewarding for all, from the rank beginner to the expert.

If you would like to know more about the birds or other wildlife of Egypt, please contact the following:

The Director, Egyptian Wildlife, Cairo Zoological Gardens, Giza, Egypt.

Ornithological Society of Egypt, 4 Ismail el Mazni, Flat 8, Heliopolis, Cairo, Egypt.

Ornithological Society of the Middle East, c/o The Lodge, Sandy, Beds., SG19 2DL, England (publishes *Sandgrouse*, which often contains articles on Egyptian birds).

Where to Watch Birds

Although birds can be seen almost anywhere, and the agricultural lands as well as the deserts offer many opportunities, some locations are better than others. Some of the better ones are listed below and their location in Egypt indicated on the map. Note that Lake Burullus, Lake Manzala, and Lake Bardawil are not readily accessible and permits may be required. Gebel Elba is a border area and permits are required.

Lake Burullus (1) Less disturbed by land reclamation than other lakes in the Delta, this lake and its surrounding marshes are an important wintering area for Wigeons, Shovellers, Pochards, Coots, and Whiskered Terns, which may be counted in the thousands. It is relatively inaccessible, but may therefore be more rewarding than other Delta lakes.

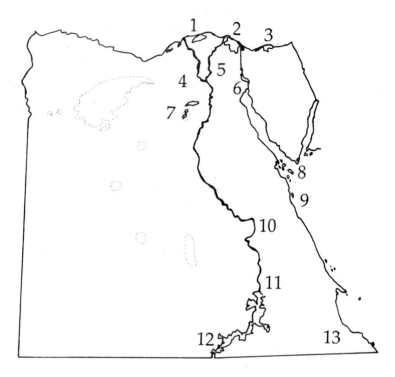

Lake Manzala (2) Although large parts of this lake, its marshes, and fishfarms are being reclaimed as agricultural land, it is well worth a visit by birdwatchers. It is an important wintering area for Shelducks, Shovellers, and Coots, as well as many shorebirds—Avocets in particular.

Lake Bardawil (3) On the north coast of Sinai, this lake is situated on a very important migration route, especially for waterbirds. A visit during the fall migration season can be extremely interesting. Herons and ducks, especially Garganeys, pass through by the thousand, as do such shorebirds as Sanderlings, Little Stints, Dunlins, and Avocets. The nearby Mediterranean shore is famous as a netting area for Quail. Flamingos regularly occur on both Lake Bardawil and Lake Malaha.

Wadi al Natrun (4) Famous for its monasteries, this wadi on the Cairo-Alexandria desert road has several lakes and marshes often rich in bird life.

Cairo (5) The Giza zoo is an excellent place to watch birds, not only inside the cages, but also outside in the garden itself. During the migratory seasons many different kinds of songbird may be encountered here. Among the breeding birds are Nile Valley Sunbirds and Cattle Egrets. On many of the roofs of the city Senegal Thick-knees may be found breeding. Sewage treatment plants are generally good bird-watching spots. Gebel Asfar treatment plant near the international airport is no exception. It is a particularly good spot to see waders and the relatively rare Painted Snipe, White-breasted Kingfisher, and Egyptian Nightjar.

Suez (6) This town and its environs offer great opportunities for birdwatching. It is situated on one of the most important concentration points for migrating birds of prey, which may be seen passing overhead in their thousands in spring and fall. The mudflats are frequented by migrating shorebirds of many varieties, and in the Suez bay various species of gulls and terns are often numerous. Red Sea specialties such as White-eyed Gull and Lesser Crested Tern may be seen there occasionally.

The Fayoum (7) This large oasis with Lake Qarun has long been known as a hunting area, and is excellent for birdwatching. It is rich in landbirds, and the lake is important as a wintering area of grebes, ducks, coots, and shorebirds.

Ras Muhammed (8) Better known for their coral reefs, this peninsula and the nearby shores of the Gulf of Aqaba are also ornithologically important. Osprey and Sooty Falcons nest here. White Storks pass in thousands in the fall, and herons and shorebirds are abundant. The nearby Isle of Tiran is an important breeding place for Osprey, gulls, and terns, but it is not accessible at the present.

Red Sea Coast (9) The Red Sea coast, with its islands, offers good opportunities for birdwatchers. Many of the islands are inhabited by seabirds indigenous to the area (such as White-eyed Gull and White-cheeked Tern), and many birds may be seen from the mainland coast.

Luxor (10) Besides being a major tourist attraction, Luxor offers an opportunity to see birds typical of the Nile Valley. Crocodile Island is a good locality to see Purple Gallinule, Senegal Thick-knee, and Nile Valley Sunbird, as well as the occasional Painted Snipe.

Aswan (11) This is the best place to see herons in Egypt. A felucca ride on the Nile should provide a Green Heron or two in addition to other breeding and migrating waterbirds such as the Egyptian Goose. Among the Black Kite often seen circling above the western bank of the Nile one might find a Lappet-faced Vulture or an Egyptian Vulture.

Abu Simbel (12) Because of its southern location, many African species are often seen at Abu Simbel. These include Pink-backed Pelican, Yellow-billed Stork, African Skimmer, Pink-headed Dove, and African Pied Wagtail.

Gebel Elba (13) Situated at the extreme southeastern corner of Egypt, this region gives a taste of subsaharan African bird life. Ostriches, Verreaux's Eagles, Pink-headed Doves, and Rosy-patched Shrikes may be seen. Unfortunately, the area is difficult to reach and permits are required.

References

Goodman, S.M. and P.L Meininger (eds.). *The Birds of Egypt.* Oxford University Press, Oxford, 1989. (Latest comprehensive work on Egyptian ornithology)

Heinzel, H., R. Fitter and J. Parslow. *The Birds of Britain and Europe with North Africa and the Middle East.* London, 1972. (The only guide which includes descriptions of all Egyptian birds; in English)

Houlihan, P.F. *The Birds of Ancient Egypt.* The American University in Cairo Press, Cairo, 1988. (Also contains an annotated checklist of birds of Egypt by Steven M. Goodman)

Meinertzhagen, R. *Nicoll's Birds of Egypt.* London, 1930. (The classic work on Egyptian birds, but now outdated and rare; in English)

Meininger, P.L. and W.C. Mullié. *The Significance of Egyptian Wetlands for Wintering Waterbirds.* New York, 1981. (Contains up-to-date list of Egyptian birds and information on wetlands and conservation; in English with Arabic summary)

el Nagoumi Pasha, A., E.F. Zain el Din, M. Abd el Menaim el Monery and M.K. Fayed. *al-Tuyur al-misriyya.* Cairo, 1950. (The only book on Egyptian birds in Arabic; somewhat oudated and rare)

Wimpfheimer, D. et al. *The Migration of Birds of Prey in the Northern Red Sea Area.* New York, 1983. (Expanded report on a season-long study in 1982; in English with an Arabic summary)

Checklist of the Birds of Egypt

More than 430 different species of birds have been recorded in Egypt. New species are constantly being added to the list. Most of these additions are accidental or very rare visitors only, but some recent additions, such as the House Crow, are breeding birds.

قائمة الطيور المصرية

هـنـاك أكـثـر مـن ٤٣٠ نـوعاً مختلفاً من الطيور قد سجلت فى مصر. وهناك أنواعاً جديدة تـضـاف بـاسـتـمرار لهذه القائمة. أغلب هذه الأضافات هى لأنواع نادرة قد تفد إلى مصر، ولكن هـنـاك أنواع جديدة قد أنتشرت فى مصر مثل غراب المنزل وهو الأن من الطيور المقيمة. والقائمة التالية تضم أحدث المعلومات عن الطيور المصرية.

RB	resident breeder	طائر متكاثر مقيم
MB	migrant breeder	طائر متكاثر مهاجر
IB	introduced breeder	طائر متكاثر مُدخل
FB	former breeder	طائر كان يتكاثر فى الماضى
WV	winter visitor	زائر شتوى
SV	non-breeding summer visitor	زائر صيفى لا يتكاثر
PV	regular passage visitor	مهاجر عابر شائع
AV	accidental visitor	زائر عارض

Ostrich	*Struthio camelus*	RB	نعام
Red-throated Diver	*Gavia stellata*	AV?	غطاس أحمر الزور
Little Grebe	*Tachybaptus ruficollis*	RB WV	زهوت
Great Crested Grebe	*Podiceps cristatus*	WV RB?	غطاس متوج
Red-necked Grebe	*Podiceps grisegena*	AV	غطاس أحمر الرقبة
Black-necked Grebe	*Podiceps nigricollis*	WV	غطاس أسود الرقبة
Shy Albatross	*Diomedea cauta*	AV	البطرس الخجول
Cory's Shearwater	*Calonectris diomedea*	PV WV	جلم الماء الكبير
Sooty Shearwater	*Puffinus griseus*	PV	جلم الماء الأسحم
Manx Shearwater	*Puffinus puffinus*	PV WV	جلم الماء
Wedge-tailed Shearwater	*Puffinus pacificus*	AV	جلم ماء الهادىء
Wilson's Storm Petrel	*Oceanites oceanicus*	PV	طائر النؤ
Leach's Storm Petrel	*Oceanodroma leucorhoa*	AV	طائر النؤ أبيض العجز
Red-billed Tropicbird	*Phaethon aethereus*	RB	رئيس البحر
Brown Booby	*Sula leucogaster*	RB	اطيش
Gannet	*Sula bassana*	AV	اطيش أبيض
Cormorant	*Phalacrocorax carbo*	PV WV	غراب البحر
Shag	*Phalacrocorax aristotelis*	AV	غراب البحر الأخضر
Long-tailed Cormorant	*Phalacrocorax africanus*	AV FB	غراب البحر الأفريقى
Darter	*Anhinga melanogaster*	AV	زق
White Pelican	*Pelecannus onocrotalus*	PV WV	بجع أبيض
Dalmatian Pelican	*Pelecanus crispus*	WV?	بجع بلقانى
Pink-backed Pelican	*Pelecanus rufescens*	SV	بجع رمادى
Bittern	*Botaurus stellaris*	WV	واق
Little Bittern	*Ixobrychus minutus*	RB PV WV	واق صغير
Night Heron	*Nycticorax nycticorax*	PV WV SV RB?	غراب الليل

Striated Heron	*Ardeola striata*	RB PV	واق أخضر
Squacco Heron	*Ardeola ralloides*	RB PV WV	واق أبيض
Cattle Egret	*Egretta ibis*	RB PV WV	أبو قردان
Western Reef Heron	*Egretta gularis*	RB	بلشون الصخر
Little Egret	*Egretta garzetta*	RB PV WV	بلشون أبيض
Great White Heron	*Ardea alba*	PV WV	بلشون أبيض كبير
Grey Heron	*Ardea cinerea*	PV WV SV RB?	بلشون رمادى
Purple Heron	*Ardea purpurea*	PV WV SV	بلشون إرجوانى
Goliath Heron	*Ardea goliath*	RB	بلشون جبار
Yellow-billed Stork	*Mycteria ibis*	SV	لقلق أصفر المنقار
Black Stork	*Ciconia nigra*	PV WV?	لقلق أسود
White Stork	*Ciconia ciconia*	PV SV WV?	لقلق أبيض
Glossy Ibis	*Plegadis falcinellus*	PV WV?	أبو منجل أسود
Bald Ibis	*Geronticus eremita*	AV?	أبو منجل الأصلع
Sacred Ibis	*Threskiornis aethiopicus*	FB AV?	أبو منجل المقدس
Spoonbill	*Platalea leucorodia*	RB PV WV	أبو ملعقة
Greater Flamingo	*Phoenicopterus ruber*	RB PV WV	بشاروش
Mute Swan	*Cygnus olor*	WV?	تم أبيض
Whooper Swan	*Cygnus cygnus*	AV	تم صافر
Bean Goose	*Anser fabalis*	AV	أوز الفول
White-fronted Goose	*Anser albifrons*	WV?	أوز أبيض الجبهة
Lesser White-fronted Goose	*Anser erythropus*	AV	أوز أبيض الجبهة صغير
Greylag Goose	*Anser anser*	AV	أوز رمادى
Barnacle Goose	*Branta leucopsis*	AV	أوز أبيض الراس
Brent Goose	*Branta bernicla*	AV	أوز أسود
Red-breasted Goose	*Branta ruficollis*	AV	أوز أحمر الصدر
Egyptian Goose	*Alopochen aegyptiacus*	RB	أوز مصرى
Ruddy Shelduck	*Tadorna ferruginea*	PV WV	أبو فروة
Shelduck	*Tadorna tadorna*	WV	شهرمان
Spur-winged Goose	*Plectropterus gambensis*	AV?	أوز غامبيا
Wigeon	*Anas penelope*	PV WV	صواى
Gadwall	*Anas strepera*	PV WV	سمارى
Teal	*Anas crecca*	PV WV	شرشير
Blue-winged Teal	*Anas discors*	AV	شرشير أزرق الجناح
Mallard	*Anas platyrhynchos*	PV WV RB?	خضارى
Pintail	*Anas acuta*	PV WV	بلبول
Garganey	*Anas querquedula*	PV	شرشير صيفى
Shoveler	*Anas clypeata*	PV WV	كيش
Marbled Duck	*Marmaronetta angustirostris*	RB? WV?	شرشير مخطط
Red-crested Pochard	*Netta rufina*	WV	ونس
Pochard	*Aythya ferina*	PV WV	حمراى
Ferruginous Duck	*Aythya nyroca*	PV WV	زرقاى أحمر
Tufted Duck	*Aythya fuligula*	PV WV	زرقاى
Velvet Scoter	*Melanitta fusca*	AV	بط بحرى أخضر
Smew	*Mergus albellus*	WV?	بلقشة بيضاء
Red-breasted Merganser	*Mergus serrator*	WV	بلقشة حمراء الصدر
White-headed Duck	*Oxyura leucocephala*	WV?	بط أبيض الوجة
Honey Buzzard	*Pernis apivorus*	PV	حوام النحل
Black-shouldered Kite	*Elanus caeruleus*	RB	كوهية
Black Kite	*Milvus migrans*	RB PV WV	حداة سوداء
Red Kite	*Milvus milvus*	PV?	حداة حمراء
African Fish Eagle	*Haliaeetus vocifer*	AV	عقاب السمك الأفريقى
White-tailed Eagle	*Haliaeetus albicilla*	FB? WV?	عقاب أبيض الذنب
Lammergeyer	*Gypaetus barbatus*	RB WV? PV?	نسر أبو نقن
Egyptian Vulture	*Neophron percnopterus*	RB PV WV	رخمة مصرية
Griffon Vulture	*Gypus fulvus*	FB PV WV	نسر أسمر

Rüppell's Vulture	*Gypus rueppelli*	AV	نسر ابقع
Lappet-faced Vulture	*Torgos tracheliotus*	RB	نسر أذون
Black Vulture	*Aegypius monachus*	PV? WV?	نسر أسود
Short-toed Eagle	*Ciraetus gallicus*	PV WV? RB?	عقاب صرارة
Bateleur	*Terathopius ecaudatus*	RB	عقاب حكيم
Marsh Harrier	*Circus aeruginosus*	PV WV RB?	مرزة المستنقعات
Hen Harrier	*Circus cyaneus*	PV WV	مرزة الدجاج
Pallid Harrier	*Circus macrourus*	PV WV	مرزة باهتة
Montagu's Harrier	*Cirus pygargus*	PV WV?	مرزة مونتاجو
Garbar Goshawk	*Micronisus garbar*	AV	باز جبار
Goshawk	*Accipiter gentilis*	WV	باز
Sparrowhawk	*Accipiter nisus*	PV WV	باشق
Levant Sparrowhawk	*Accipiter brevipes*	PV	بيدق
Buzzard	*Buteo buteo*	PV WV	صقر حوام
Long-legged Buzzard	*Buteo rufinus*	PV WV RB?	صقر جراح
Lesser Spotted Eagle	*Aquila pomarina*	PV WV	عقاب سعفاء صغرى
Spotted Eagle	*Aquila clanga*	PV WV	عقاب سعفاء كبرى
Steppe Eagle	*Aquila nipalensis*	PV WV	عقاب السهول
Tawny Eagle	*Aquila rapax*	AV	عقاب لوعة
Imperial Eagle	*Aquila helicaca*	PV WV?	عقاب ملكى
Golden Eagle	*Aquila chrysaetos*	RB WV?	عقاب ذهبى
Verreaux's Eagle	*Aquila verreauxii*	RB	عقاب أسود
Booted Eagle	*Hieraaetus pennatus*	PV	عقاب مسيرة صغرى
Bonelli's Eagle	*Hieraaetus fasciatus*	RB PV WV	عقاب مسيرة كبرى
Osprey	*Pandion haliaetus*	RB PV WV	عقاب نسارية
Lesser Kestrel	*Falco naumanni*	PV RB? WV?	عوسق صغير
Kestrel	*Falco tinnunculus*	RB PV WV	صقر الجراد
Red-footed Falcon	*Falco vespertinus*	PV WV?	لزيق
Merlin	*Falco columbarius*	WV PV	يؤيؤ
Hobby	*Falco subbuteo*	MB PV	كونج
Eleonora's Falcon	*Falco elenorae*	PV	صقر أسحم
Sooty Falcon	*Falco concolor*	MB	صقر الغروب
Lanner	*Falco biarmicus*	RB WV PV?	صقر حر
Saker	*Falco cherrug*	WV PV	صقر الغزال
Peregrine	*Falco peregrinus*	WV PV	شاهين
Barbary Falcon	*Falco pelegrinoides*	RB	شاهين مغربى
Chukar	*Alectoris chukar*	RB	شنار
Barbary Partridge	*Alectoris barbara*	RB	شنار مغربى
Sand Partridge	*Ammoperdix heyi*	RB	حجل الرمل
Quail	*Coturnix coturnix*	WV PV RB?	سمان
Water Rail	*Rallus aquaticus*	RB WV	مرعة الماء
Spotted Crake	*Porzana porzana*	WV PV	مرعة منقطة
Little Crake	*Porzana parva*	WV PV RB?	مرعة صغيرة
Baillon's Crake	*Porzana pusilla*	RB WV PV	مرعة بايلون
Corncrake	*Crex crex*	PV	مرعة الغلة
Moorhen	*Gallinula chloropus*	RB WV PV	دجاجة الماء
Purple Gallinule	*Porphyrio porphyrio*	RB	دجاجة الماء الارجوانية
Coot	*Fulica atra*	WV RB?	غـر
Crane	*Grus grus*	PV WV?	كركى رمادى
Demoiselle Crane	*Anthropoides virgo*	PV	رهو
Crowned Crane	*Balearica pavonina*	AV?	كركى متوج
Little Bustard	*Tetrax tetrax*	AV?	حبارى صغيرة
Houbara	*Chlamydotis undulata*	RB WV	حبارى
Painted Snipe	*Rostratula benghalensis*	RB	بكاشينة مزوقة
Osytercatcher	*Haematopus ostralegus*	WV PV	آكل المحار
Black-winged Stilt	*Himantopus himantopus*	MB WV PV	أبو مغازل

Avocet	*Recurvirostra avosetta*	MB WV PV	نكات
Crab Plover	*Dromas ardeola*	WV	حنكور
Stone Curlew	*Burhinus oedicnemus*	RB WV PV	كروان صحراوى
Senegal Thick-knee	*Burhinus senegalensis*	RB	كروان سنغالى
Egyptian Plover	*Pluvianus aegyptius*	FB AV?	قطقاط مصرى
Cream-coloured Courser	*Cursorius cursor*	MB WV PV	جليل
Collared Pratincole	*Glareola pratincola*	MB PV	ابو اليسر
Black-winged Pratincole	*Glareola nordmanni*	PV	ابو اليسر أسود الجناح
Little Ringed Plover	*Charadrius dubius*	WV PV MB?	قطقاط مطوق صغير
Ringed Plover	*Charadrius hiaticula*	WV PV	قطقاط مطوق
Kittlitz's Plover	*Charadrius pecuarius*	RB	قطقاط بنى
Kentish Plover	*Charadrius alexandrinus*	RB WV PV	قطقاط أسكندرى
Lesser Sand Plover	*Charadrius mongolus*	PV	قطقاط الرمل الصغير
Greater Sand Plover	*Charadrius leschenaultii*	WV PC MB?	قطقاط الرمل الكبير
Caspian Plover	*Charadrius asiaticus*	PV	قطقاط قزو ينى
Dotterel	*Charadrius morinellus*	WV	قطقاط أغبر
Golden Plover	*Pluvialis apricaria*	WV PV	قطقاط ذهبى
Pacific Golden Plover	*Pluvialis fulva*	AV	قطقاط الهادىء الذهبى
Grey Plover	*Pluvialis squatarola*	WV PV	قطقاط رمادى
Spur-winged Plover	*Hoplopterus spinosus*	RB WV PV	زقزاق بلدى
Sociable Plover	*Chettusia gregaria*	PV WV?	زقزاق اجتماعى
White-tailed Plover	*Chettusia leucura*	WV PV	زقزاق أبيض الذنب
Lapwing	*Vanellus vanellus*	WV PV	زقزاق أخضر
Knot	*Calidris canutus*	PV?	دريجة الشمال
Sanderling	*Calidris alba*	WV PV	مدروان
Little Stint	*Calidris minuta*	WV PV	فطيرة
Temminck's Stint	*Calidris temminckii*	WV PV	فطيرة تمنك
Pectoral Sandpiper	*Calidris melanotos*	AV	دريجة صدرية
Curlew Sandpiper	*Calidris ferruginea*	PV WV?	دريجة كروانية
Dunlin	*Calidris alpina*	WV PV	دريجة
Broad-billed Sandpiper	*Limicola falcinellus*	PV WV?	دريجة عريضة المنقار
Buff-breasted Sandpiper	*Tryngites subruficollis*	AV	دريجة صفراء الصدر
Ruff	*Philomachus pugnax*	WV PV	حجوالة
Jack Snipe	*Lymnocryptes minimus*	WV PV	بكاشين صغير
Snipe	*Gallinago gallinago*	WV PV	بكاشينة
Great Snipe	*Gallinago media*	PV WV?	بكاشين كبير
Woodcock	*Scolopax rusticola*	WV	ديك الغابة
Black-tailed Godwit	*Limosa limosa*	WV PV	بقو يقة سوداء الذنب
Bar-tailed Godwit	*Limosa lapponica*	WV PV	بقو يقة مخططة الذنب
Whimbrel	*Numenius phaeopus*	PV WV?	كروان الماء الصغير
Slender-billed Curlew	*Numenius tenuirostris*	PV? WV?	كروان الماء رفيع المنقار
Curlew	*Numenius arquata*	WV PV	كروان الماء
Spotted Redshank	*Tringa erythropus*	WV PV	طيطوى أحمر الساق أرقط
Redshank	*Tringa totanus*	WV PV	طيطوى أحمر الساق
Marsh Sandpiper	*Tringa stagnatilis*	WV PV	طيطوى المستنقع
Greenshank	*Tringa nebularia*	WV PV	طيطوى أخضر الساق
Green Sandpiper	*Tringa ochropus*	WV PV	طيطوى أخضر
Wood Sandpiper	*Tringa glareola*	WV PV	طيطوى الغياض
Terek Sandpiper	*Xenus cinereus*	PV	طيطوى نكات
Common Sandpiper	*Actitis hypoleucos*	WV PV	طيطوى
Turnstone	*Arenaria interpres*	WV PV	قنبرة الماء
Red-necked Phalarope	*Phalaropus lobatus*	PV	فلاروب أحمر العنق
Grey Phalarope	*Phalaropus fulicarius*	WV? PV?	فلاروب رمادى
Pomarine Skua	*Stercorarius pomarinus*	WV PV?	كركر
Arctic Skua	*Stercorarius parasiticus*	WV PV SV	كركر قطبى
Long-tailed Skua	*Stercorarius longicaudus*	PV	كركر طو يل الذنب

Great Skua	*Stercorarius skua*	AV?	كركر كبير
Sooty Gull	*Larus hemprichii*	RB	نورس أسحم
White-eyed Gull	*Larus leucophthalmus*	RB	نورس عجمة
Great Black-headed Gull	*Larus ichthyaetus*	WV PV	نورس السمك
Mediterranean Gull	*Larus melanocephalus*	WV	نورس البحر المتوسط
Little Gull	*Larus minutus*	WV	نورس صغير
Sabine's Gull	*Larus sabini*	AV?	نورس سابينى
Black-headed Gull	*Larus ridibundus*	WV PV	نورس أسود الراس
Slender-billed Gull	*Larus genei*	RB WV PV	نورس قرقطى
Audouin's Gull	*Larus audouinii*	PV?	نورس أدو ين
Common Gull	*Larus canus*	WV	نورس شائع
Lesser Black-backed Gull	*Larus fuscus*	WV PV	نورس دغبة
Yellow-legged Gull	*Larus cachinnans*	RB WV	نورس أصفر القدم
Herring Gull	*Larus argentatus*	AV	نورس الرنجة
Kittiwake	*Rissa tridactyla*	WV? PV?	نورس أسود القدم
Gull-billed Tern	*Gelochelidon nilotica*	WV PV	خطاف نورسى المنقار
Caspian Tern	*Sterna caspia*	RB WV PV	خطاف أبو بلحة
Swift Tern	*Sterna bergii*	MB WV	خطاف سريع
Lesser Crested Tern	*Sterna bengalensis*	MB PV	خطاف متوج
Sandwich Tern	*Sterna sandvicensis*	WV PV	خطاف خرشنة
Roseate Tern	*Sterna dougallii*	AV?	خطاف وردى
Common Tern	*Sterna hirundo*	PV MB?	خطاف البحر
White-cheeked Tern	*Sterna repressa*	MB	خطاف البحر أبو بطن
Bridled Tern	*Sterna anaethetus*	MB	خطاف أسحم
Little Tern	*Sterna albifrons*	MB PV WV?	خطاف البحر الصغير
Saunder's Little Tern	*Sterna saundersi*	AV?	خطاف البحر الأحمر
Whiskered Tern	*Chlidonias hybridus*	WV PV SV	خطاف أبيض الخد
Black Tern	*Chlidonias niger*	WV PV	خطاف أسود
White-winged Black Tern	*Chlidonias leucopterus*	PV SV WV?	خطاف أبيض الجناح
African Skimmer	*Rynchops flavirostris*	MB	أبو مقص أفريقى
Razorbill	*Alca torda*	AV?	أبو موس
Lichtenstein's Sandgrouse	*Pterocles lichtensteinii*	RB	قطا نو بى
Crowned Sandgrouse	*Pterocles coronatus*	RB	قطا متوج
Spotted Sandgrouse	*Pterocles senegallus*	RB	قطا أنقط
Chestnut-bellied Sandgrouse	*Pterocles exustus*	FB	قطا مصرى
Black-bellied Sandgrouse	*Pterocles orientalis*	WV	قطا أسود البطن
Pin-tailed Sandgrouse	*Pterocles alchata*	WV?	قطاطو يل الذنب
Rock Pigeon	*Columba livia*	RB	حمام جبلى
Stock Dove	*Columba oenas*	WV	حمام برى
Pink-headed Dove	*Streptopelia roseogrisea*	RB	يمام وردى الرأس
Collared Dove	*Streptopelia decaocto*	RB	يمام مطوق
Turtle Dove	*Streptopelia turtur*	MB PV WV?	قمرى
Palm Dove	*Streptopelia senegalensis*	RB	يمام مصرى
Namaqua Dove	*Oena capensis*	RB? WV	يمام بالوم
Ring-necked Parakeet	*Psittacula krameri*	IB	درة مطوقة
Great Spotted Cuckoo	*Clamator glandarius*	PV MB?	وقواق أرقط
Cuckoo	*Cuculus canorus*	PV	وقواق
Senegal Coucal	*Centropus senegalensis*	RB	مك
Barn Owl	*Tyto alba*	RB	بومة مصاصة
Striated Scops Owl	*Otus brucei*	AV	ثيج مخطط
Scops Owl	*Otus scops*	PV	ثيج
Eagle Owl	*Bubo bubo*	RB	بعفة
Little Owl	*Athene noctua*	RB	بومة أم قو يق
Hume's Tawny Owl	*Strix butleri*	RB	بومة بتلر
Long-eared Owl	*Asio otus*	RB WV PV	بومة طو يلة الأذان
Short-eared Owl	*Asio flammeus*	WV PV	بومة قصيرة الأذان

Nubian Nightjar	*Caprimulgus nubicus*	AV MB?	سبد نوبى
Nightjar	*Caprimulguseuropaeus*	PV	سبد أوروبى
Egyptian Nightjar	*Caprimulgus aegyptius*	RB PV WV?	سبد مصرى
Swift	*Apus apus*	PV	سمامة
Pallid Swift	*Apus pallidus*	RB PV WV?	سمامة باهتة
Alpine Swift	*Apus melba*	MB PV WV?	سمامة الصرود
Little Swift	*Apus affinis*	PV?	سمامة صغيرة
Palm Swift	*Cypsiusrus parvus*	AV? FB?	سمامة النخيل
White-breasted Kingfisher	*Halcyon smyrnensis*	RB WV	قاوند
Kingfisher	*Alcedo atthis*	WV PV RB?	صياد السمك الأخضر
Pied Kingfisher	*Ceryle rudis*	RB WV?	صياد السمك الأبقع
Little Green Bee-eater	*Merops orientalis*	RB	خضير مصرى
Blue-cheeked Bee-eater	*Merops superciliosus*	MB PV	وروار عراقى
Bee-eater	*Merops apiaster*	MB PV	وروار
Roller	*Coracias garrulus*	PV	غراب زيتونى
Abyssinian Roller	*Coracias abyssinicus*	AV	غراب زيتونى حبشى
Hoopoe	*Upupa epops*	RB PV	هدهد
Wryneck	*Jynx torquilla*	PV WV?	لواء
Syrian Woodpecker	*Dendrocopos syriacus*	RB	نقار الخشب السورى
Black-crowned Finch Lark	*Eremopterix nigriceps*	RB	قنبرة سوداء متوجة
Dunn's Lark	*Eremalauda dunni*	RB WV?	قنبرة دن
Bar-tailed Desert Lark	*Ammonmanes cincturus*	RB	قنبرة بادية مصرية
Desert Lark	*Ammonmanes deserti*	RB	قنبرة الصحراء
Hoopoe Lark	*Alaemon alaudipes*	RB	مكاء
Dupont's Lark	*Chersophilus duponti*	RB	قنبرة طويلة المنكار
Thick-billed Lark	*Rhamphocorys clotbey*	PV? WV?	قنبرة مغربية
Calandra Lark	*Melanocorypha calandra*	WV	قنبرة الغرب الكبيرة
Bimaculated Lark	*Melanocorypha bimaculata*	PV WV?	قنبرة الشرق الكبيرة
Short-toed Lark	*Calandrella cinerea*	MB PV WV?	قنبرة قصيرة الأصابع
Lesser Short-toed Lark	*Calandrella rufescens*	RB WV	قنبرة قصيرة الأصابع الصغيرة
Crested Lark	*Galerida cristata*	RB	قنبرة متوجة
Thekla Lark	*Galerida theklae*	RB	قنبرة متوجة صغيرة المنقار •
Wood Lark	*Lullula arborea*	WV	قنبرة الغياض
Skylark	*Alauda arvensis*	WV	قنبرة الغيط
Temminck's Horned Lark	*Eremophila bilopha*	RB	قنبرة الصحراء المقرنة
Sand Martin	*Riparia riparia*	MB PV WV?	سنونو الرمل
African Sand Martin	*Riparia paludicola*	AV	سنونو الشواطىء الأفريقى
Pale Crag Martin	*Ptyonoprogne fuligula*	RB	سنونو الصخر الباهت
Crag Martin	*Ptyonoprogne rupestris*	PV? WV?	سنونو الصخر
Swallow	*Hirundo rustica*	RB PV SV WV?	عصفور الجنة
Red-rumped Swallow	*Hirundo daurica*	PV SV? WV?	عصفور الجنة أحمر العجز
House Martin	*Delichon urbica*	PV SV? WV?	سنونو أبيض البطن
Richard's Pipit	*Anthus novaeseelandiae*	PV WV	ابو فصية كبير
Tawny Pipit	*Anthus campetris*	PV WV	ابو فصية الصحراء
Tree Pipit	*Anthus trivialis*	PV	ابو فصية الشجر
Meadow Pipit	*Anthus pratensis*	PV WV	ابو فصية الغيط
Red-throated Pipit	*Anthus cervinus*	PV WV	ابو فصية احمر الزور
Water Pipit	*Anthus spinoletta*	PV WV	ابو فصية الماء
Yellow Wagtail	*Motacilla flava*	RB PV WV	ابو فصادة أصفر
Citrine Wagtail	*Motacilla citreola*	AV	ابو فصادة ليمونى
Grey Wagtail	*Motacilla cinerea*	PV WV	ابو فصادة رمادى
White Wagtail	*Motacilla alba*	PV WV SV?	ابو فصادة أبيض
African Pied Wagtail	*Motacilla aguimp*	AV RB?	ابو فصادة أبقع
Black-capped Bulbul	*Pycnonotus xanthopygos*	RB	بلبل عربى
Common Bulbul	*Pycnonotus barbatus*	RB	بلبل
Grey Hypocolius	*Hypocolius ampelinus*	AV	خناق رمادى

Wren	Troglodytes troglodytes	AV	صعو
Dunnock	Prunella modularis	WV?	عصفور الشوك
Rufous Bush Robin	Cercotrichas galactotes	MB PV WV?	دخلة حمراء
Robin	Erithacus rubecula	WV	أبو الحناء
Thrush Nightingale	Luscinia luscinia	PV	عندليب
Nightingale	Luscinia megarhynchos	PV	هزار
Bluethroat	Luscinia svecica	PV WV	حسيني
White-throated Robin	Irania gutturalis	AV	أبو الحناء أبيض الزور
Black Redstart	Phoenicurus ochruros	PV WV	حميراء سوداء
Redstart	Phoenicurus phoenicurus	PV WV?	حميراء
Blackstart	Cercomela melanura	RB	قليعى أسود الذنب
Whinchat	Saxicola rubetra	PV	قليعى أحمر
Stonechat	Saxicola torquata	PV WV	قليعى مطوق
Isabelline Wheatear	Oenanthe isabellina	PV WV SV MB?	أبلق أشهب
Wheatear	Oenanthe oenanthe	PV SV WV?	أبلق
Pied Wheatear	Oenanthe pleschanka	PV WV	أبلق أبقع
Black-eared Wheatear	Oenanthe hispanica	PV SV WV? MB?	أبلق أسود الأذن
Cyprus Wheatear	Oenanthe cypriaca	WV PV	أبلق قبرصى
Desert Wheatear	Oenanthe deserti	RB PV WV	أبلق الصحراء
Finsch's Wheatear	Oenanthe finschii	WV	أبلق عربى
Red-rumped Wheatear	Oenanthe moesta	RB	أبلق أحمر العجز
Red-tailed Wheatear	Oenanthe xanthoprymna	WV	أبلق أحمر الذنب
Morning Wheatear	Oenanthe lugens	RB	أبلق حزين
Hooded Wheatear	Oenanthe monacha	RB	أبلق أبو طاقية
White-crowned Black Wheatear	Oenanthe leucopyga	RB	أبلق أسود أبيض الرأس
Rock Thrush	Monticola saxatilis	PV WV?	سكلة
Blue Rock Thrush	Monticola solitarius	WV PV RB?	سكلة زرقاء
Ring Ouzel	Turdus torquatus	WV	دج مطوق
Blackbird	Turdus merula	RB WV	شحرور
Black-throated Thrush	Turdus ruficollis	AV	دج أسود الزور
Fieldfare	Turdus pilaris	WV	دج الغيط
Song Thrush	Turdus philomelos	WV	سمنة مطربة
Redwing	Turdus iliacus	WV?	سمنة حمراء الجناح
Mistle Thrush	Turdus viscivorus	WV?	سمنة كبيرة
Cetti's Warbler	Cettia cetti	AV	هازجة سيتى
Fan-tailed Warbler	Cisticola juncidis	RB	فصية مروحية الذنب
Graceful Warbler	Prinia gracilis	RB	فصية
Scrub Warbler	Scotocerca inquieta	RB	نمنمة الشجر
Grasshopper Warbler	Locustella naevia	AV	هازجة الجراد
River Warbler	Locustella fluviatilis	AV	هازجة النهر
Savi's Warbler	Locustella luscinioides	PV WV?	هازجة المستنقع
Moustached Warbler	Acrocephalus melanopogon	PV WV?	هازجة أم شارب
Sedge Warbler	Acrocephalus schoenobaenus	WV PV	هازجة السعد
Aquatic Warbler	Acrocephalus paludicola	AV	هازجة الماء
Marsh Warbler	Acrocephalus palustris	PV	هازجة البطائح
Reed Warbler	Acrocephalus scirpaceus	MB PV WV?	هازجة الغاب
Clamorous Reed Warbler	Acrocephalus stentoureus	RB	هازجة الغاب المصرية
Great Reed Warbler	Acrocephalus arundinaceus	PV	هازجة القصب الكبيرة
Olivaceous Warbler	Hippolais pallida	MB PV WV?	خنشع الزيتون
Upcher's Warbler	Hippolais languida	AV	خنشع الشجر
Olive-tree Warbler	Hippolais olivetorum	PV	خنشع الزيتون الكبير
Icterine Warbler	Hippolais icterina	PV	خنشع ليمونى
Marmora's Warbler	Sylvia sarda	AV	دخلة مرمرة
Spectacled Warbler	Sylvia conspicillata	WV PV? MB?	دخلة أم نظارة
Subalpine Warbler	Sylvia cantillans	WV PV	دخلة الصرود
Menetries Warbler	Sylvia mystacea	WV? PV?	دخلة آسيوية

13

Sardinian Warbler	*Sylvia melanocephala*	RB WV PV	هازجة راساء
Cyprus Warbler	*Sylvia melanothorax*	AV	دخلة قبرصية
Rüppell's Warbler	*Sylvia rueppellis*	PV WV?	دخلة روبل
Desert Warbler	*Sylvia nana*	WV PV	دخلة الصحراء
Arabian Warbler	*Sylvia leucomelaena*	RB	دخلة البحر الاحمر
Orphean Warbler	*Sylvia hortensis*	PV WV?	دخلة مغنية
Barred Warbler	*Sylvia misoria*	PV	دخلة مخططة
Lesser Whitethroat	*Sylvia curruca*	WV PV SV?	هازجة فيرانى
Whitethroat	*Sylvia communis*	PV	دخلة فيرانى
Garden Warbler	*Sylvia borin*	PV WV?	دخلة البساتين
Blackcap	*Sylvia atricapilla*	PV WV?	أبو قلنسوة
Dusky Warbler	*Phylloscopus fuscatus*	AV	نقشارة غبراء
Bonelli's Warbler	*Phylloscopus bonelli*	PV SV?	نقشارة صفراء العجز
Yellow-browed Warbler	*Phylloscopus inornatus*	AV	نقشارة صفراء الحاجب
Wood Warbler	*Phylloscopus sibilatrix*	PV	نقشارة الشجر
Chiffchaff	*Phylloscopus collybita*	WV PV	سكسكة
Willow Warber	*Phylloscopus trochilus*	PV WV?	نقشارة الصفصاف
Goldcrest	*Regulus regulus*	WV?	صعو اصفر العرف
Firecrest	*Regulus ignicapillus*	AV	صحو أحمر العرف
Spotted Flycatcher	*Muscicapa striata*	MB PV WV?	خطاف الذباب الأنقط
Red-breasted Flycatcher	*Ficedula parva*	PV WV?	خطاف الذباب أحمر الصدر
Semi-collared Flycatcher	*Ficedula semitorquata*	PV	خطاف الذباب شبة المطوق
Collared Flycatcher	*Ficedula albicollis*	PV	خطاف الذباب المطوق
Pied Flycatcher	*Ficedula hypoleuca*	PV	خطاف الذباب الأ بقع
Brown Babbler	*Turdoides squamiceps*	RB?	ثرثارة عربية
Fulvous Babbler	*Turdoides fulvus*	RB	ثرثارة الشجر
Great Tit	*Parus major*	RB	قرقف كبير
Penduline Tit	*Remiz pendulinus*	WV RB?	قرقف البندول
Bearded Tit	*Panurus biarmicus*	AV?	قرقف أبو ذقن
Nile Valley Sunbird	*Anthreptes platurus*	RB	تمير وادى النيل
Shining Sunbird	*Nectarinia habessinica*	RB	تمير حبشى
Orange-tufted Sunbird	*Nectarinia osea*	RB	تمير عربى
Golden Oriole	*Oriolus oriolus*	PV	صفير
Rosy-patched Shrike	*Rhodophoneus cruentus*	RB	دقناش وردى الصدر
Isabelline Shrike	*Lanius isabellinus*	PV	دقناش أشهب
Red-backed Shrike	*Lanius collurio*	PV WV?	دقناش أكحل
Lesser Grey Shrike	*Lanius minor*	PV	دقناش صردى
Great Grey Shrike	*Lanius excubitor*	RB WV?	دقناش البادية
Woodchat Shrike	*Lanius senator*	PV	دقناش أوروبى
Masked Shrike	*Lanius nubicus*	PV WV?	دقناش قبطى
House Crow	*Corvus splendens*	IB	غراب المنزل الهندى
Hooded Crow	*Corvus corone*	RB	غراب بلدى
Rook	*Corvus frugilegus*	WV?	غداف
Brown-necked Raven	*Corvus ruficollis*	RB	غراب البين
Raven	*Corvus corax*	RB	غراب أسحم
Fan-tailed Raven	*Corvus rhipidurus*	RB	غراب مروحى الذنب
Tristram's Grackle	*Onychognathus tristramii*	RB	سوادية
Starling	*Sturnus vulgaris*	WV	زرزور
Rose-coloured Starling	*Sturnus roseus*	AV	زرزور وردى
House Sparrow	*Passer domesticus*	RB	عصفور دورى
Spanish Sparrow	*Passer hispaniolensis*	MB WV PV	عصفور أسبانى
Dead Sea Sparrow	*Passer moabiticus*	AV	عصفور البحر الميت
Desert Sparrow	*Passer simplex*	AV	عصفور الصحراء
Tree Sparrow	*Passer montanus*	AV	عصفور الشجر
Sudan Golden Sparrow	*Passer luteus*	MB?	عصفور ذهبى
Pale Rock Sparrow	*Petronia brachydactyla*	AV	عصفور الصخر الباهت

Streaked Weaver	*Ploceus manyar*	IB	عصفور نساج مخطط
Avadavat	*Amandava amandava*	IB	عصفور أحمر هندى
African Silverbill	*Euodice cantans*	RB?	عصفور فضي المنقار
Chaffinch	*Fringilla coelebs*	WV	عصفور ظالم
Brambling	*Fringilla montifringilla*	WV	عصفور زغارى
Red-fronted Serin	*Serinus pusillus*	AV	نعار أحمر الجبهة
Serin	*Serinus serinus*	RB WV	نعار
Tristram's Serin	*Serinus syriacus*	WV	نعار سورى
Greenfinch	*Carduelis chloris*	RB WV	عصفور خضيرى
Goldfinch	*Carduelis carduelis*	RB WV	عصفور حسينى
Siskin	*Carduelis spinus*	WV	عصفور سميلى
Linnet	*Carduelis cannabina*	WV	عصفور تفاحى
Desert Finch	*Rhodospiza obsoleta*	AV RB?	عصفور البادية
Trumpeter Finch	*Bucanetes githagineus*	RB	زمير
Scarlet Rosefinch	*Carpodacus erythrinus*	AV	عصفور وردى
Sinai Rosefinch	*Carpodacus synoicus*	RB	عصفور وردى سينائى
Hawfinch	*Coccothraustes coccothraustes*	WV	بلبل زيتونى
Yellowhammer	*Emberiza citrinella*	AV	درسة صفراء
Cirl Bunting	*Emberiza cirlus*	AV	درسة سوداء الزور
House Bunting	*Emberiza striolata*	RB	درسة مخططة
Cinnamon-breasted Rock Bunting	*Emberiza tahapisi*	AV	درسة الصخر الأفريقية
Cinereous Bunting	*Emberiza cineracea*	AV PV?	درسة شامية
Ortolan Bunting	*Emberiza hortulana*	PV WV?	درسة الشعير
Cretzschmar's Bunting	*Emberiza caesia*	PV WV?	درسة زرقاء الرأس
Rustic Bunting	*Emberiza rustica*	AV	درسة صدئية
Little Bunting	*Emberiza pusilla*	AV	درسة صغيرة
Yellow-breasted Bunting	*Emberiza aureola*	AV	درسة صفراء الصدر
Reed Bunting	*Emberiza schoeniclus*	AV	درسة الغاب
Black-headed Bunting	*Emberiza melanocephala*	AV PV?	درسة سوداء الرأس
Corn Bunting	*Miliaria calandra*	WV PV	درسة

Plate 1 لوحه ١

1. GREAT CRESTED GREBE *Podiceps cristatus 48*
Uncommon breeding bird in Delta lakes. Winter visitor in Delta region and at Lake Qarun. In summer prominent ear-tufts orange-tinged. Excellent diver which lives on fish.

2. BLACK-NECKED GREBE *Podiceps nigricollis 30*
Common winter visitor to saline coastal lagoons, Suez Canal area, and Lake Qarun. In summer plumage and ear-tufts are orange, flanks rusty. Excellent diver.

3. CORMORANT *Phalacrocorax carbo 90*
Uncommon winter visitor to shores and lagoons of the northern Suez Canal area. Immature is grayish-brown with light underside. Flies in V-formation or lines. Lies low in water and dives for fish.

4. WHITE PELICAN *Pelecanus onocrotalus 150*
Uncommon winter visitor to inland waters and regular passage-migrant. Immature is pale brown with lighter underside. Often in flocks. Lives on fish scooped into enormous bill.

5. WHITE STORK *Ciconia ciconia 100*
Common passage-migrant in autumn and spring, especially south Sinai, Hurghada, and Nile south of Qena. Incidentally Nile Delta. Often soars in large flocks. Bill and legs red. Lives on insects and small animals.

6. GREATER FLAMINGO *Phoeniocopterus ruber 125*
Regular winter visitor and sometimes breeding bird in some northern lagoons. Often in saline areas, rare elsewhere. Very long legs and pink plumage make it unmistakable. Often in flocks. Lives on small animals caught by skimming and sifting shallow water.

1. **غطاس متوج** ٤٨ : طائر مقيم ، غير شائع فى بحيرات الدلتا الشمالية ، وهو أيضا زائر شتوى إلى منطقة الدلتا ، و بحيرة قارون . فى الصيف ينمو الريش على الرأس مكونا ما يشبه التاج ، وهو طائر يستطيع السباحة والغطس بمهارة بالغة ، و يتغذى على الأسماك .

2. **غطاس أسود الرقبة** ٣٠ : زائر شتوى شائع إلى الخلجان الساحلية ، والبحيرات شبة المالحة ، كبحيرة قارون ومنطقة قناة السو يس . فى الصيف تصبح غطائيات الأذن برتقالية اللون ، والخاصرتين صدئية اللون ، وهو غطاس ماهر .

3. **غراب البحر** ٩٠ : زائر شتوى شائع الى شواطىء وخلجان شمال منطقة قنال السو يس ، طائر يافع لونه بنى ترابى . يطير فى اسراب على شكل حرف V أو فى خطوط مستقيمة . يطير على ارتفاع منخفض جداً فوق الماء و يغطس ليتغذى على الاسماك .

4. **بجع أبيض** ١٥٠ : زائر شتوى إلى المياه الداخلية ، ومهاجر شائع . الطائر اليافع لونه بنى باهت والاجزاء التحتية افتح . يرى غالبا فى جماعات . وهو يتغذى على الاسماك التى يغترفها بمنقاره الضخم .

5. **لقلق أبيض** ١٠٠ : طائر مهاجر شائع فى وقت الهجرة ، وترى أعداده الكبيرة فى جنوب سيناء ، ومنطقة الغردقة ووادى النيل جنوبى قنا ، وفى بعض الأحيان يرى فى الدلتا . وهو غالبا يتجمع فى أسراب ضخمة . و يتغذى على الحشرات والحيوانات الصغيرة .

6. **بشاروش** ١٢٥ : زائر شتوى غير شائع وقد يتوالد فى بعض الأحيان فى البحيرات الشمالية ، وهو غالبا يعيش فى المياه المالحة ، ونادراً فى المياة العذبة . و يتميز بطول أرجله ورقبته البالغة الطول ولونه الوردى يجعله متميزاً عن باقى الطيور . يرى أحياناً فى أسراب ، و يتغذى على الكائنات الدقيقة التى يتصيدها من المياة الضحلة بمنقاره الشبيه بالمصفاة .

1w

1s

2w

2s

4

3

5

6

SHERIF BAHA

Plate 2

لوحه ٢

1. SQUACCO HERON *Ardeola ralloides 46*
Rare breeding bird but rather common passage-migrant and winter visitor in marshes, lagoons, and swamps. Darkish body contrasts with white wings and tail. Rather secretive and nocturnal in habits. Lives on fish and other aquatic animals.
2. CATTLE EGRET *Bubulcus ibis 51*
Abundant resident breeding bird nesting colonially in trees near habitation (e.g. Giza Zoo). Buffy feathers on crown, back, and breast during breeding season. Feeds on insects in fields, often in association with cattle and usually in flocks.
3. WESTERN REEF HERON *Egretta gullaris 56*
Common resident breeding bird on coral reefs along the Red Sea. White phase resembles Little Egret, but is longer necked with paler bill. Black phase unmistakable, with white throat. Feeds on fish.
4. LITTLE EGRET *Egretta garzetta 56*
Common winter visitor and rarer breeding resident in lagoons and marshes. Almost never on reefs. Bill is black. Lives on fish.
5. GREY HERON *Ardea cinerea 92*
Common year round in lagoons and marshes in Delta and northern Sinai. Very large. All herons and egrets fly with neck curled back in S-shape. Lives on fish.
6. PURPLE HERON *Ardea purpurea 79*
Common passage-migrant found in lagoons and marshes. Resembles the larger Grey Heron but has darker, more reddish plumage. Lives on fish.

1. **واق أبيض** ٤٦ : طائر مقيم ، و يتوالد فى أعداد صغيرة ، كذلك شائع كطائر مهاجر . و يرى فى مناطق المستنقعات والبرك ، فى الطيران يتميز الطائر بلون الجسم الداكن المتباين مع لون الجناحين والذيل الأبيض ، وهو طائر خجول ينشط ليلا ، و يتغذى على الأسماك والكائنات المائية الأخرى .
2. **أبو قردان** ٥١ : طائر شائع جداً ، مقيم ، و يتوالد فى جماعات على الأشجار الكبيرة قرب أماكن الغذاء (مثال : حديقة الحيوان بالجيزة) . فى وقت التناسل يتميز الطائر بالريش الصدئى على قمة الرأس والظهر والصدر. تتغذى اسرابه على الحشرات فى الحقول وغالبا مايطلق عليه أسم « صديق الفلاح » .
3. **بلشون الصخر** ٥٦ : طائر مقيم ، وشائع فى مناطق الشعاب المرجانية بالبحر الاحمر . الصورة البيضاء من هذا الطائر تشابه البلشون الأبيض ، غير ان رقبته أطول ومنقاره أبهت لوناً ، والصورة السوداء سهل التعرف عليها إلا أنه أقل شيوعاً من الأول . يتغذى على الأسماك .
4. **بلشون أبيض** ٥٦ : طائر مقيم غير شائع ، وزائر شتوى شائع فى المستنقعات والبحيرات العذبة و يتميز بمنقاره الأسود . يتغذى على الأسماك .
5. **بلشون رمادى** ٩٢ : طائر شائع طوال العام ، وقد يتوالد فى مصر . يرى فى البحيرات والمستنقعات ، وكذلك على شاطىء البحر ، وهو طائر كبير الحجم . يلاحظ ان كل البلشونيات عند الطيران تطوى رقبتها الطو يلة على شكل حرف (S) . يتغذى على الأسماك .
6. **بلشون أرجوانى** ٧٩ : طائر مهاجر شائع ، و يرى فى جميع المستنقعات والبحيرات فى وقت الهجرة ، يشابه البلشون الرمادى الأكبر حجماً ، ولكن لونه أكثر حمرة ، يتغذى على الأسماك .

1
2i
2a
3
3
4
5
6
SHERIF BAHA

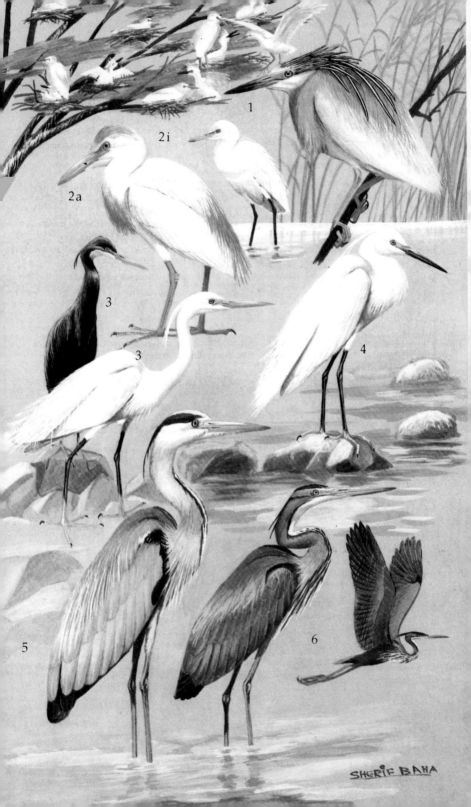

Plate 3 لوحه ٣

1. TEAL *Anas crecca 36*

Common passage-migrant and winter visitor to lakes, lagoons, and marshes. Drake has reddish head with green eyestripe and a white stripe along the wing. Both sexes have green speculum. Usually in small flocks.

2. EGYPTIAN GOOSE *Alopochen aegyptiacus 71*

Uncommon resident breeding bird of lakes and marshes. Large white area on wing obvious in flight. Usually in pairs or small flocks.

3. WIGEON *Anas penelope 46*

Common passage-migrant and winter visitor to lakes, lagoons, and marshes. White forewing of drake obvious in flight. Female has less white. Usually in flocks, often quite large.

4. PINTAIL *Anas acuta 71*

Common passage-migrant and winter visitor to lakes, lagoons, and marshes. Notice long tail of drake and slender shape and brown speculum of both sexes. Usually in small flocks.

5. GARGANEY *Anas querquedula 38*

Very common passage-migrant to lakes, lagoons, and marshes. Notice white stripe over eye and blue forewing of drake. Usually in small flocks.

6. POCHARD *Aythya ferina 46*

Rather common passage-migrant and winter visitor to lakes, lagoons, and bays. Notice gray wingstripe of both sexes. Usually in small flocks. Dives for food.

7. SHOVELLER *Anas clypeata 51*

Rather common passage-migrant and winter visitor to lakes, lagoons, and marshes. Usually in small flocks.

1. **بط شرشير** ٣٦ : زائر شتوى شائع ومهاجر، يرى فى المستنقعات والبرك والبحيرات ، يتميز الذكر برأسه المائلة للحمرة ، والشريط الأخضر المار بالعين والخط الأبيض المار بالجناح . يرى غالبا فى أسراب صغيرة أو أزواج .

2. **أوز مصرى** ٧١ : طائر مقيم غير شائع ، و يتوالد فى البحيرات والمستنقعات (بحيرة ناصر) ، و يتميز فى طيرانه بمقدمة الجناح البيضاء ، يرى غالبا فى أزواج أو أسراب صغيرة .

3. **بط صواى** ٤٦ : طائر مهاجر شائع ، وكذلك زائر شتوى إلى البحيرات والبرك ، مقدمة الجناح البيضاء تميز الذكر . يرى غالبا فى أسراب كبيرة .

4. **بط بلبول** ٧١ : زائر شتوى شائع ومهاجر، يرى فى البحيرات والبرك ، يتميز الذكر بالرأس الداكنة وذيله الطويل المدبب . يوجد فى أسراب صغيرة .

5. **بط شرشير صيفى** ٣٨ : طائر مهاجر فى أعداد ضخمة ، و يرى فى البحيرات والبرك . لاحظ الخط الأبيض على جانبى رأس الذكر، ومقدمة جناحه الزرقاء . يرى غالبا فى أسراب صغيرة .

6. **بط حمراى ٤٦ : أقل شيوعاً من سابقيه ، وهو زائر شتوى ومهاجر ، و يرى فى البحيرات والبرك والخلجان ، يتميز برأسه الصدئى اللون ، والجناح الرمادى فى الجنسين . يرى غالباً فى أسراب صغيرة و يغطس ليحصل على غذاءه .**

7. **بط كيش** ٥١ : زائر شتوى شائع ومهاجر يرى فى البحيرات والبرك ، غالبا فى أزواج أو أسراب صغيرة .

1m
2
1m
1f
3m
3f
3m
4m
4f
4m
5m
5f
5m
6m
6f
6m
7m
7f
7m
SHERIF BAHA

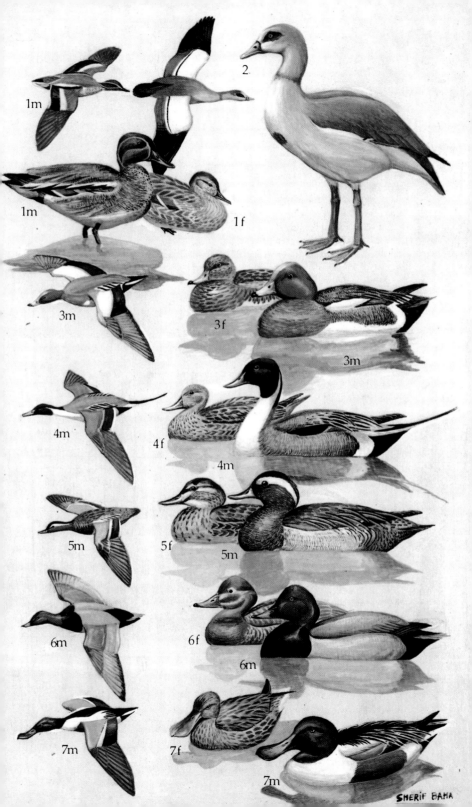

Plate 4 لوحه ٤

1. LONG-LEGGED BUZZARD *Buteo rufinus 60*
Uncommon resident breeding bird of mountains, common passage-migrant and winter visitor. Tail unbarred.

2. BUZZARD *Buteo buteo 53*
Common passage-migrant and winter visitor. Plumage variable. Tail barred. Often in soaring flocks. Eats rodents.

3. BLACK KITE *Milvus migrans 55*
Common resident breeding bird near towns and villages. Common passage-migrant and winter visitor. Notice forked tail. Lives on carrion, small animals, and sometimes fish.

4. HONEY BUZZARD *Pernis apivorus 55*
Common passage-migrant. Plumage variable. Best told from other buzzards by double dark band near base of tail. Usually in soaring flocks, 'kettles.' Lives on bees and wasps.

5. MARSH HARRIER *Circus aeroginosus 53*
Rather common passage-migrant and winter visitor to marshes and fields. Flies low over the ground with wings held in shallow V. Lives on rodents.

6. BLACK-SHOULDERED KITE *Elanus caeruleus 33*
Uncommon resident breeding bird usually found near water. Black forewing diagnostic. Hovers. Lives on insects.

7. OSPREY *Pandion haliaetus 60*
Uncommon resident breeding bird and more common passage-migrant and winter visitor. Always near water. Eats fish.

8. EGYPTIAN VULTURE *Neophron percnopterus 65*
Uncommon resident breeding bird and passage-migrant. Immatures have dark plumage. Lives on carrion.

1. **صقر جراح** ٦٠: طائر مقيم غير شائع في المناطق الجبلية، ومهاجر وزائر شتوى شائع. لاحظ أن الذيل غير مخطط. يتغذى على القوارض.

2. **صقر حوام** ٥٣: طائر مهاجر شائع وزائر شتوى. يختلف لون الريش من فرد إلى آخر. لاحظ أن الذيل مخطط. يرى غالبا في أسراب محلقة، و يتغذى على القوارض.

3. **حدأة سوداء** ٥٥: طائر مقيم شائع بجوار المدن والقرى، مهاجر شائع، وزائر شتوى. لاحظ الذيل المشقوق. يتغذى على الجيف والحيوانات الصغيرة وأحياناً على الأسماك.

4. **حوام النحل** ٥٥: طائر مهاجر شائع، يختلف لون الأفراد اختلافا كبيرا، وأكثر ما يميزه عن الصقور الحوامة الاخرى هو وجود شريط داكن مزدوج قرب قاعدة الذيل. و يرى غالبا في أسراب محلقة. يتغذى على النحل والزنابير.

5. **مرزة المستنقعات** ٥٣: طائر مهاجر شائع، وزائر شتوى، حيث يوجد في المستنقعات والحقول الواسعة. يطير على ارتفاع منخفض و يبدو الجناحان في الطيران على شكل حرف (V) منفرج. و يتغذى على القوارض.

6. **كوهية** ٣٣: طائر مقيم وغير شائع. يوجد غالبا بجوار المسطحات المائية. مقدمة الجناح السوداء مميزة لهذا الطائر. يتغذى على الحشرات.

7. **عقاب نسارية** ٦٠: طائر مقيم غير شائع، وأكثر شيوعاً في الهجرة. يرى دائما بجوار الماء حيث يتغذى على الأسماك.

8. **رخمة مصرية** ٦٥: طائر مقيم غير شائع ومهاجر. الطائر اليافع لون ريشه داكن. يتغذى على الحيوانات الميتة والجيف.

1
2
3
4
5f
5m
6
7
8
SHERIF BAHA
82

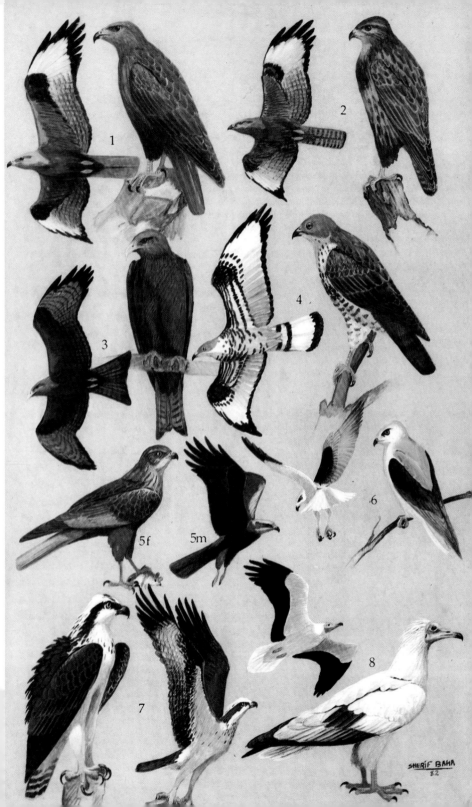

Plate 5 لوحه ٥

1. KESTREL *Falco tinnuculus 31*
Common resident breeding bird and winter visitor often found near villages. Often hovers. Eats rodents and insects.
2. LANNER *Falco biarmicus 43*
Uncommon resident breeding bird of mountains and plains. Flies very fast. Catches medium-sized and small birds in flight.
3. SAND PARTRIDGE *Amnoperdix heyi 24*
Rather common resident breeding bird of stony deserts. Wingfeathers make rattling sound. Usually in pairs.
4. QUAIL *Coturnix coturnix 18*
Common passage-migrant especially along the Mediterranean where it is caught in nets during the fall. Much less evident on spring migration.
5. WATER RAIL *Rallus aquaticus 28*
Rather common resident breeding bird in Delta and winter visitor to other areas with marshes and reedbeds. Secretive. The grunting call is often heard at night.
6. MOORHEN *Gallinula chloropus 33*
Common in ponds, lakes, and rivers with shore vegetaion. Short tail is often jerked. Swims well. Rarely dives.
7. PURPLE GALLINULE *Porphyrio porphyrio 48*
Rather common resident breeding bird in reedbeds. Immatures paler than adults. Rather secretive in habits.
8. COOT *Fulica atra 38*
Common resident breeding bird in Delta and very common winter visitor to lakes and lagoons. Swims and dives well. Outside breeding season in flocks.

1. **صقر الجراد** ٣١ : طائر مقيم شائع ، زائر شتوى شائع . يرى فى المدن و بجوار القرى . يتغذى على القوارض والحشرات .

2. **صقر حر** ٤٣ : طائر مقيم غير شائع فى المناطق الجبلية والسهول . وهو قوى سريع الطيران ، يتغذى على الطيور المتوسطة والصغيرة الحجم التى يمسكها فى أثناء طيرانه .

3. **حجل الرمل** ٢٤ : طائر مقيم شائع فى الصحارى الصخرية . يصدر ريش الجناح صفير مميزاً فى أثناء الطيران . يرى غالبا فى أزواج .

4. **سمان** ١٨ : طائر مهاجر شائع ، خاصة على ساحل البحر المتوسط ، حيث يصاد بالشباك فى فصل الخريف ، ولكنه أقل شيوعاً فى هجرة الربيع .

5. **مرعة الماء** ٢٨ : طائر مقيم ، شائع فى الدلتا ، وزائر شتوى لمناطق أخرى ، حيث توجد المستنقعات ومناطق الغاب . وهو طائر خجول ؛ له صوت يشبه النهيق يسمع ليلا .

6. **دجاجة الماء** ٣٣ : طائر مقيم ، شائع فى البرك والبحيرات والترع حيث توجد النباتات المائية . يرفع ذيله القصير فى حركة دائمة مميزة . وهو سباح ماهر ، ونادراً ما يغطس .

7. **دجاجة الماء الارجوانية** ٤٨ : طائر مقيم ، شائع فى المستنقعات ومناطق الغاب . والطيور اليافعة أبهت لوناً من الكبار . وهو طائر خجول لا يظهر إلا نادراً .

8. **الغر** ٣٨ : طائر مقيم شائع ، وزائر شتوى شائع جداً فى البحيرات والبرك الكبيرة . يسبح و يغطس بمهارة ، و يرى فى أسراب كبيرة بعد موسم التزاوج .

1f
1m
1m
1f
2
3f
3m
5
4m
4f
7
6i
6a
8i
8a

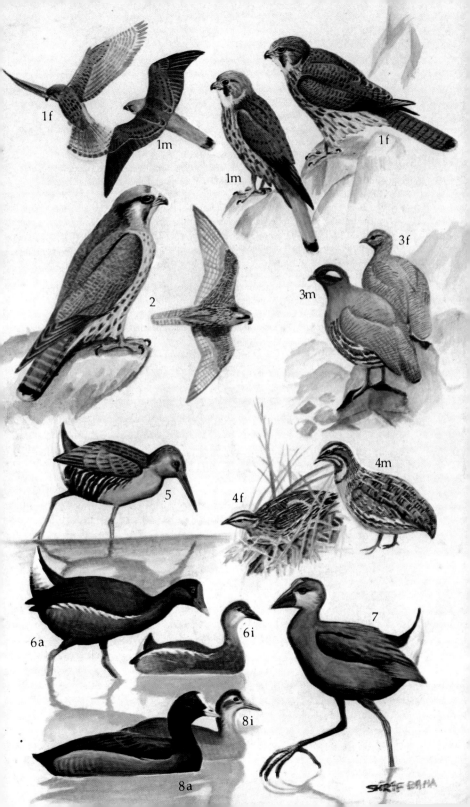

Plate 6 لوحه ٦

1. STONE CURLEW *Burhinus oedicnemus 41*
Rather common resident breeding bird and passage-migrant in semideserts and dry fields. Note two white and black bars on wing. Call is a high-pitched cry often heard at night.
2. SENEGAL THICK-KNEE *Burhinus senegalensis 38*
Common resident breeding bird in orchards and gardens. Smaller than Stone Curlew with only one white wing bar. Call, often heard at night, is more nasal than that of Stone Curlew.
3. CRANE *Grus grus 110*
Rather common passage-migrant occurring in open fields and marshes. Flies with neck outstretched. Usually seen in flocks. Call is trumpet-like.
4. CREAM-COLOURED COURSER *Cursorius cursor 23*
Common resident breeding bird of the desert. Black wingtips and underwings obvious in flight. Usually seen singly or in pairs.
5. RINGED PLOVER *Charadrius hiaticula 18*
Common passage and winter visitor on mudflats and beaches. Immatures do not always have complete breastband. Notice yellow legs. Often in small flocks.
6. KENTISH PLOVER *Charadrius alexandrinus 18*
Common resident breeding bird and winter visitor to sandy beaches. Notice incomplete breastband and black legs.
7. GREATER SANDPLOVER *Charadrius leschenaultii 22*
Common winter visitor to shorelines and mudflats. Chestnut breastband only present in male in breeding plumage.

1. **كروان الصحراء** ٤١ : طائر مقيم شائع ومهاجر، فى الصحراء والحقول المجاورة للمناطق الصحراو ية. لاحظ وجود شريطان أبيض وأسود على الجناح. له نداء عالى مميز يسمع ليلا.
2. **كروان سنغالى** ٣٨: طائر مقيم شائع، يوجد فى الحقول والحدائق، وأحيانا فى المدن والقرى. أصغر من الكروان الصحراوى، وله شريط أبيض واحد على الجناح. نداءه أكثر حدة من سابقه، و يسمع أيضا ليلا.
3. **كركى رمادى** ١١٠: طائر مهاجر شائع، يرى فى الحقول الواسعة والمستنقعات، يطير فى أسراب كبيرة على شكل حرف (V). له نداء يشبه صوت المزمار.
4. **الجليل** ٢٣: طائر مقيم شائع فى الصحراء. يلاحظ فى الطيران اللون الأسود المميز تحت الجناح وعلى أطرافه. يرى غالبا فرادى أو فى أزواج.
5. **قطقاط مطوق** ١٨: طائر مهاجر، وزائر شتوى شائع على الشواطىء والمستنقعات. واليافع ليس له طوق كامل على الصدر. لاحظ الأرجل الصفراء. غالبا يرى فى أسراب صغيرة.
6. **قطقاط أسكندرى** ١٨: طائر مقيم شائع، زائر ستوى على الشواطىء الرملية. لاحظ طوق الصدر غير المكتمل والأرجل السوداء.
7. **قطقاط الرمل الكبير** ٢٢: طائر مهاجر، وزائر شتوى شائع على الشواطىء والخلجان. الطوق الصدئى اللون يوجد فقط فى الذكر وقت التزاوج.

1

2

3

4

4

5s

5w

6s

6w

7s

7w

SHERIF BAHA

Plate 7 لوحه ٧

1. SPUR-WINGED PLOVER *Hoplopterus spinosus 28*
Common resident breeding bird in fields and marshes. Call is loud and high-pitched. Usually in pairs or small flocks.
2. LAPWING *Vanellus vanellus 30*
Very common passage and winter visitor to fields and marshes. Crest and very wide wingtips diagnostic. Call high-pitched and nasal. Usually in flocks.
3. LITTLE STINT *Calidris minuta 13*
Very common passage and winter visitor to marshes and mudflats. Notice short bill and legs. Usually in tight flocks.
4. DUNLIN *Calidris alpina 18*
Common passage and winter visitor to marshes and mudflats. Notice rather long, slightly drooping bill. Usually in flocks.
5. COMMON SANDPIPER *Actitis hypoleucos 20*
Common passage and winter visitor to wateredges. Continuously bobs tail up and down. Usually seen singly or with other shorebirds. Call is loud and shrill. Flies low over water with downward pointing wings.
6. SNIPE *Gallinago gallinago 27*
Common passage and winter visitor to marshes and wetlands with dense vegetation. Call is a low rasping note given when flushed.
7. PAINTED SNIPE *Rostratula benghalensis 25*
Rather common resident breeding bird of marshes and densely vegetated watermargins. Large buff spots on wingtips obvious in flight. Female is more brightly colored than male.

1. **زقزاق بلدى** ٢٨ : طائر مقيم، شائع فى الحقول والمستنقعات. نداؤه عال وحاد. يرى غالبا فى أزواج أو جماعات صغيرة.
2. **زقزاق أخضر** ٣٠ : طائر مهاجر، وزائر شتوى شائع جداً فى الحقول والمستنقعات. لاحظ ريش التاج، وطرف الجناح الأسود العريض. نداؤه عال وحاد. غالبا مايرى فى أسراب.
3. **فطيرة** ١٣ : طائر مهاجر وزائر شتوى شائع جداً فى المستنقعات والشواطىء الطينية، لاحظ المنقار والأرجل القصيرة. يرى غالبا فى أسراب متماسكة.
4. **دريجة** ١٨ : طائر مهاجر، وزائر شتوى شائع فى المستنقعات وعلى الشواطىء الطينية. لاحظ ان المنقار ـ الطو يل نسبياً ـ منحنى بلطف عند طرفه. يرى فى أسراب.
5. **طيطوى** ٢٠ : طائر مهاجر، وزائر شتوى شائع فى المستنقعات والمجارى المائية. يهز نيله إلى أعلى وأسفل باستمرار. يرى غالبا بمفرده، أو مع الطيور الخواضة الأخرى. نداؤه عال ورنان. يطير على ارتفاع منخفض جداً فوق الماء، وتبدو أجنحته مقوسة إلى أسفل.
6. **بكاشينة** ٢٧ : طائر مهاجر، وزائر شتوى شائع فى المستنقعات الكثيفة النبات. يرى بصعوبة شديدة إلا عند طيرانه. وهو يصدر عند طيرانه نداء منخفضاً خشناً.
7. **بكاشينة مزوقة** ٢٥ : طائر مقيم شائع فى المستنقعات الكثيفة النبات. يتميز عند طيرانه بالنقط الكستنائية اللون على الجناح. وعلى عكس معظم الطيور، فان لون الانثى أكثر بريقاً من لون الذكر.

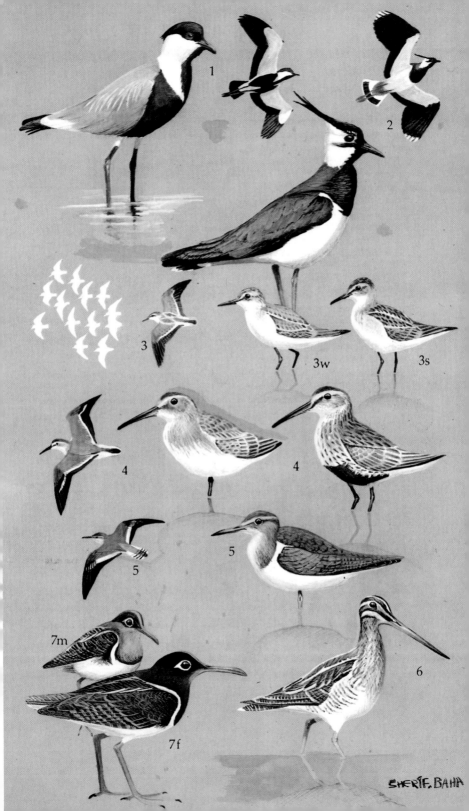

1
2
3
3w
3s
4
4
5
5
7m
6
7f
SHERIF. BAHA

Plate 8 لوحه ٨

1. WHITE-EYED GULL *Larus leucophthalmus 41*
Common resident breeding bird near coral reefs of the Red Sea. Note the striking white ring around eye. Darker than most other gulls.
2. BLACK-HEADED GULL *Larus ridibundus 36*
Very common winter visitor to areas with open water. Lacks brown hood in winter, but note dark spot behind the eye.
3. SLENDER-BILLED GULL *Larus genei 43*
Rather common resident breeding bird of northern lagoons and common winter visitor to Mediterranean and Red Sea. Notice long, thin bill and elongated shape of head. Often in flocks.
4. YELLOW-LEGGED GULL *Larus cachinnans 60*
Common winter visitor to Mediterranean coast and lagoons, rarer on Red Sea coast. Immatures have brown plumage.
5. CASPIAN TERN *Sterna caspia 53*
Rather common resident breeding bird along Red Sea. Notice very large red bill. Like most terns it dives headlong into water for fish.
6. COMMON TERN Sterna hirundo 36
Common passage-migrant to open bodies of water, especially along coasts in winter. In immatures the forehead is white.
7. LITTLE TERN *Sterna albifrons 23*
Common migrant breeding bird of sandy beaches. Notice small size, short tail, and white front.
8. WHITE-CHEEKED TERN *Sterna repressa 33*
Common breeding bird on islands in Red Sea. Underparts look much darker than most other terns.

1. **نورس عجمة** ٤١ : طائر مقيم ، شائع فى مناطق الشعاب المرجانية بالبحر الاحمر. لاحظ الحلقة البيضاء حول العين وهو أدكن من أغلب النوارس الأخرى .
2. **نورس أسود الرأس** ٣٦ : زائر شتوى ، شائع جداً فى مناطق المياه المفتوحة . فى الشتاء يختفى اللون البنى من على الرأس ، ولكن لاحظ النقطة الداكنة خلف العين .
3. **نورس قرقطى** ٤٣ : طائر مقيم ، شائع فى البحيرات الشمالية ، وشائع جداً كزائر شتوى إلى البحر الأحمر والمتوسط. لاحظ المنقار الطو يل الرفيع والشكل المستطيل للرأس . يرى غالبا فى أسراب .
4. **نورس أصغر القدم** ٦٠ : زائر شتوى شائع إلى البحر المتوسط، أقل شيوعاً على البحر الأحمر. الطائر اليافع لونه بنى .
5. **أبو بلحة** ٥٣ : طائر مقيم شائع فى البحر الأحمر ، وزائر شتوى . لاحظ المنقار الأحمر الضخم . كبقية خطاطيف البحر يقوم بقذف نفسه من ارتفاع كبير للامساك بالأسماك فى الماء .
6. **خطاف البحر** ٣٦ : طائر مهاجر ، وزائر شتوى شائع فى المياه المفتوحة ، خاصة على طول شواطىء البحر فى الشتاء . وتكون مقدمة الرأس بيضاء فى الطائر اليافع .
7. **خطاف البحر الصغير** ٢٣ : طائر مقيم ، ومهاجر شائع على الشواطىء الرملية . لاحظ صغر الحجم وقصر الذيل ، ومقدمة الرأس البيضاء .
8. **خطاف البحر أبو بطن** ٣٣ : طائر مقيم ، شائع فى البحر الأحمر. الأجزاء السفلية من الطائر تبدو أدكن من خطاطيف البحر الأخرى فى البحر الأحمر. يتناسل على جزر البحر الأحمر الرملية .

1a
1a
1i
2w
2s
2w
2s
3
3
4
4
5w
5s
v
8w
6s
6w
7s
8s
Sherif Baha.

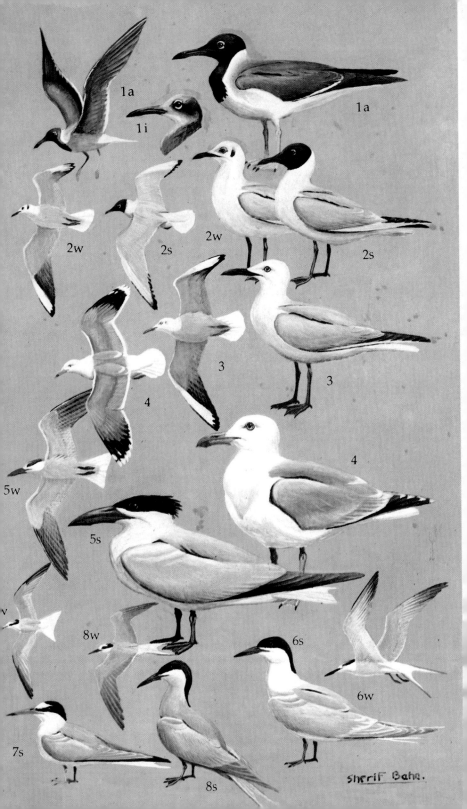

Plate 9 | لوحه ٩

1. SPOTTED SANDGROUSE *Pterocles senegallus 33*
Rather common resident breeding bird of desert and dry bush. Usually found in small flocks. Flight is fast and pigeon-like. Usually seen at dawn or dusk near waterholes.
2. ROCK DOVE *Columba livia 33*
Rather common resident breeding bird in mountain areas. Ancestor of the domestic pigeon, with which it often mixes. Usually in small flocks.
3. TURTLE DOVE *Streptopelia turtur 27*
Common migrant breeding bird and passage-migrant found in large gardens and farmland. Notice rather long tail and lack of spots on lower neck.
4. PALM DOVE *Streptopelia senegalensis 26*
Abundant resident breeding bird in towns, villages, and oases. Notice black spots on lower neck and rather short tail.
5. SENEGAL COUCAL *Centropus senegalensis 41*
Rather uncommon resident breeding bird found in thick cover near water. Has a cooing song. Secretive in habits.
6. BARN OWL *Tyto alba 34*
Rather common resident breeding bird found in towns and villages. Nocturnal. Call, given at night, is a prolonged screech. Lives on rodents.
7. LITTLE OWL *Athene nocturna 22*
Common resident breeding bird of open farmland and semidesert. Partly diurnal. Has characteristic undulating flight. Call is loud and shrill. Lives on small animals.

1. **قطا أنقط** ٣٣ : طائر مقيم ، شائع فى المناطق الصحراوية وشبه الصحراوية . يرى غالبا فى جماعات صغيرة ، خاصة قرب مصادر المياه . طيرانه قوى و يشابه طيران الحمام .

2. **حمام جبلى** ٣٣ : طائر مقيم ، شائع فى المناطق الجبلية . وهو أصل الحمام المستأنس فى المدن . يرى غالبا فى جماعات صغيرة .

3. **يمام قمرى** ٢٧ : طائر مقيم ، ومهاجر شائع يرى فى الحقول والحدائق . لاحظ الذيل الطويل نسبياً .

4. **يمام مصرى** ٢٦ : طائر مقيم ، شائع جداً فى المدن والقرى والواحات . لاحظ النقط السوداء حول الرقبة والذيل القصير نسبياً .

5. **مك** ٤١ : طائر مقيم ومنتشر . يرى فى الحدائق والزراعات الكثيفة والمستنقعات . له نداء عميق مميز . وهو طائر خجول نسبياً .

6. **بومة مصاصة** ٣٤ : طائر مقيم شائع . يوجد فى المدن والقرى . وهو ليلى وله نداء يشبه الصريخ . يتغذى على القوارض .

7. **بومة أم قويق** ٢٢ : طائر مقيم ، شائع فى الحقول الواسعة والمناطق شبه الصحراوية . وهو طائر ليلى قد ينشط فى النهار أيضا ، وله طيران متموج مميز . نداؤه عال وخشن . يتغذى على الحيوانات الصغيرة .

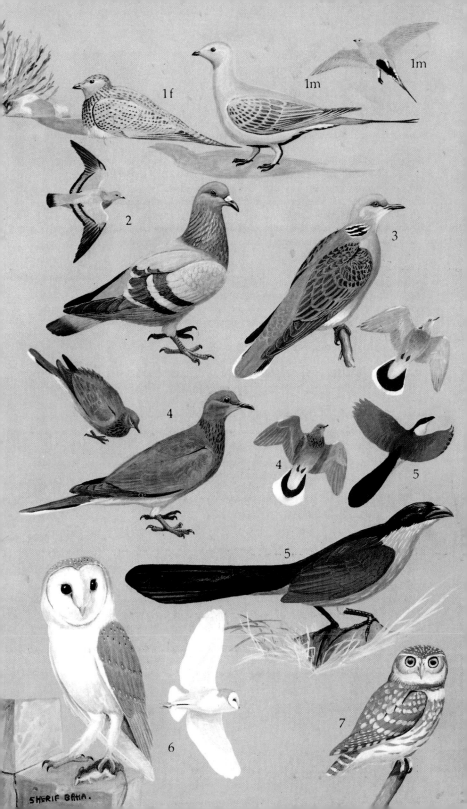

1f
1m
1m
2
3
4
4
5
5
6
7
SHERIF BAHA.

Plate 10 لوحه ١٠

1. PALLID SWIFT *Apus pallidus 16*
Common migratory breeding bird and passage-migrant found in towns, villages, and mountains. Spends most of its life on the wing. Very fast flier. Best told from swallow by stiff wingbeats and high-pitched, shrieking call.
2. KINGFISHER *Alcedo atthis 16*
Rather common winter visitor to lakes, streams, and seashores.
Plunges headlong into water from perch on branch or stone in its pursuit of fish.
3. PIED KINGFISHER *Ceryle rudis 25*
Common resident breeding bird found along the Nile and in lakes and lagoons. Often hovers above waters before plunging for fish. Nests in holes dug into river banks.
4. HOOPOE *Upupa epops 28*
Very common resident breeding bird and passage-migrant found on farmland and in gardens. Raises large crest when excited. Lives on insects and worms.
5. LITTLE GREEN BEE-EATER *Merops orientalis 25*
Common migratory breeding bird on farmland. Notice small size and green throat. Hunts insects in the air. Usually seen in small flocks. Bee-eaters nest in holes dug into sandy banks.
6. BEE-EATER *Merops apiaster 28*
Common passage-migrant. Notice yellow throat and brown back. Usually in flocks.
7. BLUE-CHEEKED BEE-EATER *Merops superciliosus 31*
Rather common migratory breeding bird. Note large size and chestnut throat.

1. **سمامة باهتة** ١٦ : طائر مقيم شائع ، ومهاجر فى المدن والقرى والمناطق الجبلية . يقضى معظم حياته طائراً ، وهو سريع الطيران جداً . و يتميز عن عصافير الجنة بحركة أجنحته السريعة الصلبة ، وندائه العالى الرنان .
2. **صياد السمك الأخضر** ١٦ : طائر مهاجر ، شائع فى البحيرات والمجارى المائية وشواطىء البحار . يقوم بالغطس وراء فرائسه من الأسماك .
3. **صياد السمك الأبقع** ٢٥ : طائر مقيم شائع ، يوجد على طول نهر النيل والبحيرات الشمالية . و يتميز بالتحليق فى مكان واحد قبل أن يقذف بنفسه إلى الماء للامساك بفريسته من الأسماك . و يبنى عشه فى حفر فى جوانب المجارى المائية .
4. **هدهد** ٢٨ : طائر مقيم ، ومهاجر شائع جداً ، يوجد فى الحقول والحدائق . و يرفع ريش التاج عند إثارته . يعيش على الحشرات والديدان .
5. **الخضير المصرى** ٢٥ : طائر مقيم شائع فى الحقول والحدائق . لاحظ صغر حجمه وزوره الأخضر . يصيد الحشرات فى الهواء . يرى غالبا فى أسراب صغيرة و يعشش فى حفر يصنعها فى الأماكن الرملية .
6. **وروار** ٢٨ : مهاجر شائع . لاحظ الزور الأصفر والظهر البنى . يرى غالبا فى جماعات كبيرة فى أثناء الهجرة .
7. **وروار عراقى** ٣١ : طائر مقيم ومهاجر شائع . لاحظ كبر حجمه وزوره الكستنائى اللون .

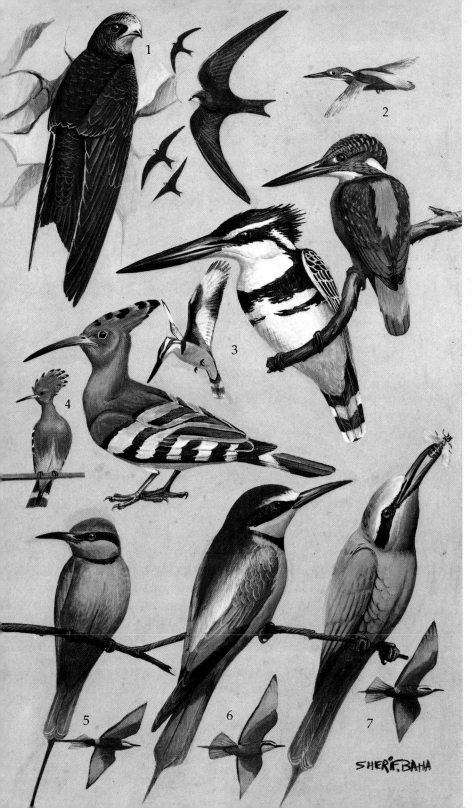

1
2
3
4
5
6
7
SHERIF.BAHA

Plate 11 لوحه ١١

1. HOOPOE LARK *Alaemon alaudipes 19*
Common resident breeding bird of the desert. Notice striking wing patterns. Song is long and musical.
2. BAR-TAILED DESERT LARK *Ammomanes cincturus 14*
Common resident breeding bird of the desert. In pairs or small flocks.
3. CRESTED LARK *Galerida cristata 16*
Very common resident breeding bird found in fields as well as in villages. Song, sometimes given in flight, is liquid and pleasant.
4. SHORT-TOED LARK *Calandrella cinerea 14*
Very common passage-migrant found in fields and deserts, usually in flocks. The call is a sparow-like chirp.
5. SAND MARTIN *Riparia riparia 12*
Common migratory breeding bird and passage-migrant. Nests in colonies in holes dug into sand banks. Lives on insects caught in the air.
6. SWALLOW *Hirundo rustica 19*
Very common resident breeding bird and passage-migrant. Egyptian subspecies has red belly, migrants white. Builds nest of clay under eaves.
7. PALE CRAG MARTIN *Ptyonoprogne fuligula 12*
Common resident breeding bird found in mountains.
8. RED-THROATED PIPIT *Anthus cervinus 14*
Common winter visitor to farmland.
9. TAWNY PIPIT *Anthus campestris 17*
Rather common passage-migrant and winter visitor found in fields and semideserts.

1 . **مكاء** ١٩ : طائر مقيم ، شائع فى المناطق الصحراو ية . لاحظ ألوان الجناح المميزة . له نداء كالصفير.
2 . **قنبرة البادية المصرية** ١٤ : طائر مقيم ، شائع فى المناطق الصحراو ية و يرى فى أزواج أو جماعات صغيرة . لاحظ الشريط الداكن على طرف الذيل .
3 . **قنبرة متوجة** ١٦ : طائر مقيم ، شائع جداً فى الحقول والمناطق شبه الصحراو ية . له نداء لطيف وهادىء قد يردده فى أثناء طيرانه .
4 . **قنبرة قصيرة الأصابع** ١٤ : طائر مهاجر ، شائع جداً فى الحقول والمناطق الصحراو ية . يرى غالبا فى أسراب كبيرة . له نداء يشبه نداء العصفور الدورى .
5 . **سنونو الرمل** ١٢ : طائر مقيم ، ومهاجر شائع . يعشش فى جماعات كبيرة فى حفر تبنى فى الشواطىء الرملية . و يتغذى على الحشرات الطائرة .
6 . **عصفور الجنة** ١٩ : طائر مقيم ، شائع جداً ومهاجر . التحت نوع المصرى له بطن صدئية اللون ، فى حين أن التحت نوع المهاجر له بطن بيضاء . يبنى عشه من الطين فى الشقوق .
7 . **سنونو الصخور** ١٢ : طائر مقيم ، شائع فى المناطق الجبلية .
8 . **أبو فصية أحمر الزور** ١٤ : زائر شتوى شائع إلى الحقول والمزارع .
9 . **أبو فصية الصحراء** ١٧ : طائر مهاجر شائع ، وزائر شتوى . يوجد فى المزارع والمناطق شبه الصحراو ية .

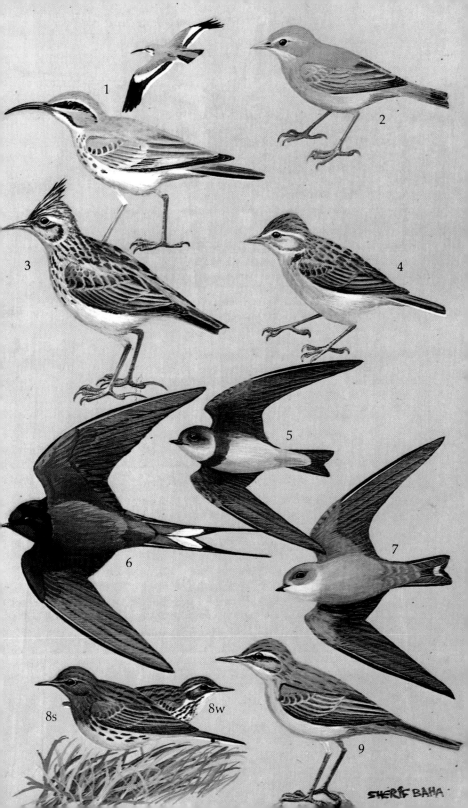

1
2
3
4
5
6
7
8s
8w
9
SHERIF BAHA

Plate 12 لوحه ١٢

1. YELLOW WAGTAIL *Motacilla flava 16*
Very common resident breeding bird and passage-migrant in fields.
2. WHITE WAGTAIL *Motacilla alba 18*
Abundant winter visitor found in towns, farmland, and semidesert.
3. COMMON BULBUL *Pycnonotus barbatus 19*
Very common resident breeding bird in gardens and villages. Song rich.
4. RUFOUS BUSH ROBIN *Cercotrichas galactotes 15*
Common migratory breeding bird found in shrub of gardens and farmland. Musical song often given in flight.
5. BLUETHROAT *Luscinia svecica 14*
Common winter visitor to shrubs near water. Notice rufous base of tail.
6. REDSTART Phoenicurus phoenicurus 14
Common passage-migrant. Notice red tail. Found in gardens and shrubs.
7. STONECHAT *Saxicola torquata 12*
Common winter visitor found in fields and semidesert.
8. ISABELLINE WHEATEAR *Oenanthe isabellina 16*
Common passage-migrant found in open country.
9. WHEATEAR *Oenanthe oenanthe 15*
Very common passage-migrant found in open country.
10. MOURNING WHEATEAR *Oenanthe lugens 14*
Common resident breeding bird found in deserts and rocky country.
11. WHITE-CROWNED BLACK WHEATEAR *Oenanthe leucopyga 17*
Common resident breeding bird of rocky areas.

1. **أبو فصادة أصفر** ١٦ : طائر مقيم ومهاجر شائع جداً . و يرى بكثرة فى الحقول .
2. **أبو فصادة أبيض** ١٨ : طائر مهاجر، وزائر شائع جداً فى المدن والحقول والمناطق الشبه الصحراو ية .
3. **بلبل** ١٩ : طائر مقيم ، وشائع جداً فى الحدائق والقرى . له غناء غنى ولطيف .
4. **دخلة حمراء** ١٥ : طائر مقيم ، ومهاجر شائع فى الحدائق والحقول . له نداء عذب يردده فى طيرانه .
5. **الحسينى** ١٤ : زائر شتوى ، ومهاجر شائع فى الحقول و بجوار المستنقعات . لاحظ الزور الأ زرق وقاعدة الذيل الحمراء .
6. **حميراء** ١٤ : طائر مهاجر شائع . يرى فى الحقول والمناطق شبه الصحراو ية . لاحظ الذيل الأحمر.
7. **قليعى مطوق** ١٢ : زائر شتوى شائع . يرى فى الحقول والمناطق شبه الصحراو ية .
8. **أبلق أشهب** ١٦ : طائر مهاجر، وزائر شتوى شائع فى المناطق شبه الصحراو ية والصحراو ية .
9. **أبلق** ١٥ : طائر مهاجر شائع جداً ، و يرى فى الحقول الواسعة والمناطق الصحراو ية .
10. **أبلق حزين** ١٤ : طائر مقيم شائع ، و يوجد فى المناطق الصحراو ية والجبلية .
11. **أبلق أسود أبيض الرأس** ١٧ : طائر مقيم ، شائع فى المناطق الجبلية والصحراو ية .

1s
1w
2s
2w
3
4
5m
5f
6m
6f
7f
7m
8
9
10
11

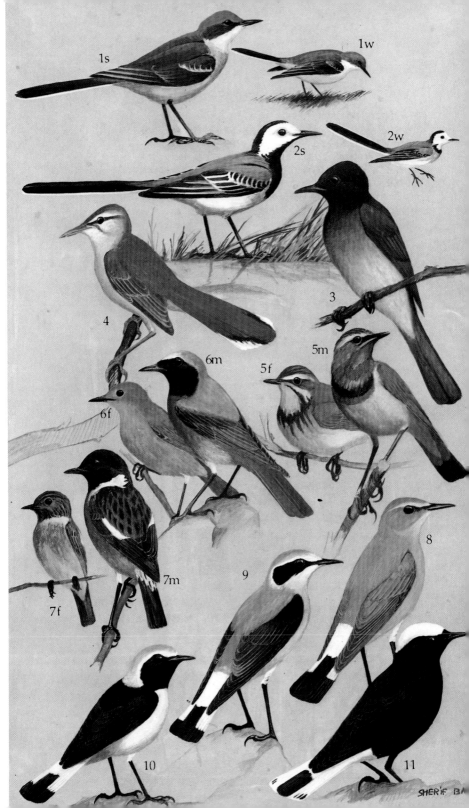

Plate 13 لوحه ١٣

1. FAN-TAILED WARBLER *Cisticola juncidis 10*
Very common resident breeding bird of dense vegetation of freshwater margins, gardens, and farmland. Repetitive chirping song given in flight.
2. CLAMOROUS REED WARBLER *Acrocephalus stentoreus 18*
Common resident breeding bird in reedbeds. Song is loud and musical.
3. GRACEFUL WARBLER *Prinia gracilis 13*
Common resident breeding bird of dry vegetation in gardens and farmland.
4. OLIVACEOUS WARBLER *Hippolais pallida 14*
Common migratory breeding bird of gardens, bushy farmland, and semidesert. Song musical and varied.
5. SARDINIAN WARBLER *Sylvia melanocephala 14*
Common winter visitor and rare resident breeding bird of gardens and shrubs. Song musical.
6. CHIFFCHAFF *Phylloscopus collybita 11*
Very common winter visitor found in gardens and shrubs.
7. LESSER WHITETHROAT *Sylvia curruca 13*
Common passage-migrant and winter visitor found in gardens and shrubs.
8. NILE VALLEY SUNBIRD *Anthreptes metallicus 15(m), 10(f)*
Common resident breeding bird of gardens.
9. GOLDEN ORIOLE *Oriolus oriolus 24*
Common passage-migrant in gardens and trees.
10. SONG THRUSH *Turdus philomelos 23*
Common winter visitor found in gardens and shrubs.

1. **فصية مروحية الذنب** ١٠: طائر مقيم، شائع جداً فى الحقول الواسعة، والمستنقعات كثيفة النبات. له نداء مميز وحاد يردده فى أثناء طيرانه.
2. **هازجة الغاب المصرية** ١٨: طائر مقيم وشائع فى مناطق الغاب والمستنقعات. له نداء موسيقى عال.
3. **فصية** ١٣: طائر مقيم وشائع، يرى فى الحقول والحدائق ومناطق المستنقعات.
4. **خنشع الزيتون** ١٤: طائر مقيم، ومهاجر شائع فى الحدائق. له نداء موسيقى متميز.
5. **هازجة رأساء** ١٤: طائر مقيم نادر، ومهاجر شائع فى الحدائق والمناطق شبه الصحراوية. له نداء خشن عال.
6. **سكسكة** ١١: زائر شتوى شائع جداً. يرى فى الحدائق والحقول.
7. **هازجة فيرانى** ١٣: طائر مهاجر شائع جداً، وزائر شتوى قليل فى الحدائق والحقول.
8. **تمير وادى النيل** ١٠: طائر مقيم شائع فى الحدائق.
9. **صفير** ٢٤: طائر مهاجر، شائع فى الحدائق وحيث توجد الأشجار الكبيرة.
10. **سمنة مطربة** ٢٣: زائر شتوى، شائع فى الحدائق والحقول.

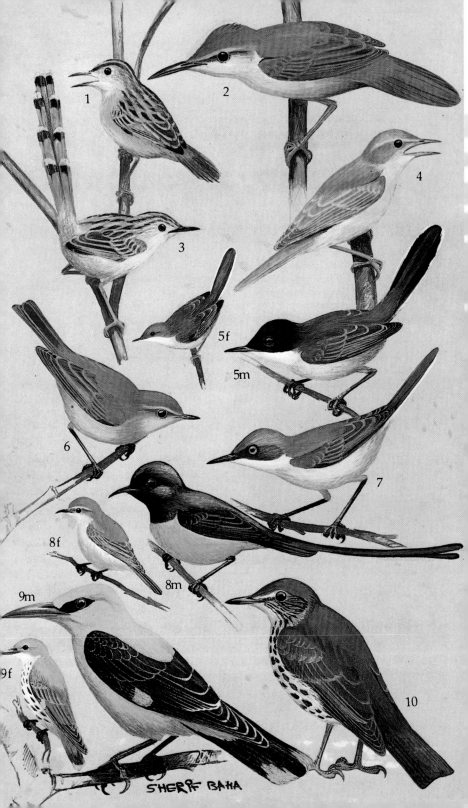

1
2
3
4
5f
5m
6
7
8f
8m
9m
9f
10
SHERIF BAHA

Plate 14   لوحه ١٤

1. GREAT GREY SHRIKE *Lanius excubitor 47*
Common resident breeding bird in dry, bushy areas.
2. MASKED SHRIKE *Lanius nubicus 17*
Common passage-migrant in dry bush.
3. RED-BACKED SHRIKE *Lanius collurio 17*
Common passage-migrant found in dry, bushy areas. Lives on insects which it sometimes impales on thorns.
4. STARLING *Sturnus vulgaris 21*
Common winter visitor to farmland and gardens. In large flocks.
5. HOUSE SPARROW *Passer domesticus 15*
Abundant in towns and villages.
6. GOLDFINCH *Carduelis carduelis 15*
Common resident breeding bird. Common winter visitor to farmland in small flocks.
7. LINNET *Carduelis cannabina 14*
Common winter visitor to farmland. Often in large flocks.
8. CORN BUNTING *Miliaria calandra 18*
Common winter visitor to farmland in Lower Egypt.
9. BROWN-NECKED RAVEN *Corvus ruficollis 50*
Common resident breeding bird of desert. Nests in trees. Usually in pairs.
10. CARRION CROW *Corvus corone 47*
Very common resident breeding bird of farmland and village. Often in small flocks. Omnivorous.

1 . **دقناش البادية** ٤٧ : طائر مقيم ، شائع فى المناطق شبه الصحراوية والحقول القريبة من الصحراء .
2 . **دقناش قبطى** ١٧ : طائر مهاجر، شائع فى الحقول والمناطق شبه الصحراوية .
3 . **دقناش أكحل** ١٧ : طائر مهاجر، شائع فى الحقول والمناطق شبه الصحراوية . يتغذى على الحشرات التى يرشقها على أشواك النباتات .
4 . **زرزور** ٢١ : زائر شتوى ، شائع فى الحقول والحدائق فى الدلتا . غالباً فى أسراب كبيرة .
5 . **عصفور دورى** ١٥ : طائر مقيم ، شائع جداً ومنتشر فى المدن والقرى .
6 . **عصفور حسون** ١٥ : طائر مقيم ، شائع فى الحدائق والحقول ، وزائر شتوى .
7 . **عصفور تفاحى** ١٤ : زائر شتوى ، فى الحقول والحدائق . يرى أحياناً فى أسراب كبيرة .
8 . **درسة** ١٨ : زائر شتوى ، شائع فى حقول الدلتا .
9 . **غراب البين** ٥٠ : طائر مقيم ، وشائع فى الصحراء والمناطق الجبلية ، و يبنى عشه فى الأشجار . يرى غالبا فى أزواج أو جماعات صغيرة .
10 . **غراب بلدى** ٤٧ : طائر مقيم ، شائع جداً فى الحقول والمدن . يرى فى جماعات صغيرة ، و يتغذى على الحيوانات الصغيرة ومواد نباتية مختلفة .

1
2
3
4a
4i
5f
5m
6
7f
7m
8
9
10
SHERIF.BAHA

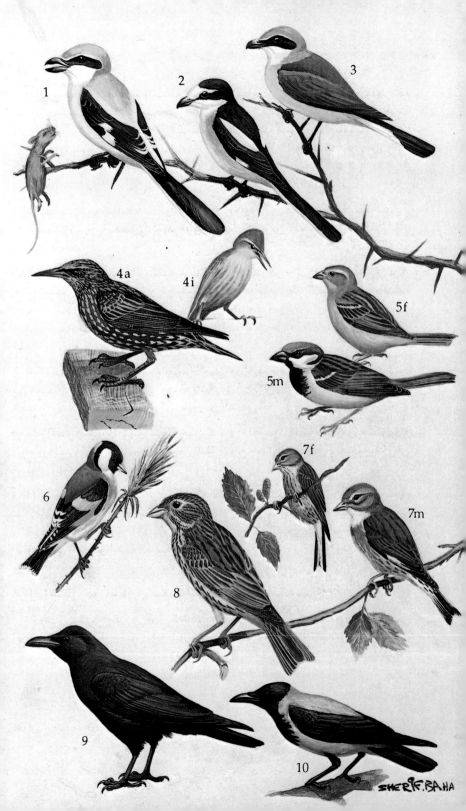

(٦) **السويس:** هذه المدينة والمناطقة المتاخمة لها بها فرص عديدة لمراقبة الطيور، فهى تقع عند واحدة من أهم نقط تجمع الطيور الجارحة المهاجرة والتى يمكن رؤيتها مارة فوق المدينة كل خريف وربيع. وبالاضافة الى ذلك فالمسطحات الطينية تكثر بها أنواع عديدة من الطيور الخواضة وتنتشر أعداد كبيرة من أنواع النورس وخطاف البحر المختلفة فوق مياه خليج السويس. و يمكن رؤية طيور خاصة بالبحر الاحمر كالنورس العجمة وخطاف البحر المتوج فى هذه المنطقة.

(٧) **الفيوم:** لقد عرفت هذه الواحة الكبيرة و بحيرة قارون منذ امد بعيد كمنطقة للصيد. وهى ممتازة لمراقبة الطيور. تشتهر البحيرة بأعداد كبيرة من الغطاسات والبط والغر وأنواع الطيور الخواضة.

(٨) **رأس محمد:** يشتهر أكثر بشعبه المرجانية ولكنه والشواطىء المتاخمة له ذو أهمية للطيور حيث يعشش بها العقاب النسارية وصقر الغروب. و يمر طائر اللقلق الابيض بالالاف بالمنطقة فى فصل الخريف، كما تكثر بالبلشونات والطيور الخواضة، وجزيرة تيران المجاورة مكان مهم لتكاثر العقاب النسارية وأنواع النوارس وخطاف البحر المختلفة ولكنها غير مفتوحة للزوار حاليا.

(٩) **شاطىء البحر الاحمر:** البحر الاحمر وجزره بهم فرص جيدة لهواة مراقبة الطيور. فالعديد من الجزر تقطنها طيور بحرية لا توجد فى أى مكان آخر فى العالم مثال ذلك النورس العجمة. وكذلك يمكن رؤية العديد من الطيور من الشاطىء.

(١٠) **الأقصر:** بجانب كونها منطقة جذب سياحى هامة فان الاقصر بها فرص عديدة لرؤية الطيور المميزة لوادى النيل وتعد جزيرة التمساح موقع جيد لرؤية الفرخة السلطانية والكروان السنغالى وتمير وادى النيل بالاضافة إلى البكاشينة المزوقة.

(١١) **اسوان:** تعد أفضل مكان لرؤية أنواع البلشونات المختلفة بمصر. ان جولة بالفلوكة فى نيل أسوان قد تمنح الفرصة لرؤية واق أخضر أو اثنين بالاضافة لانواع طيور الماء المهاجرة والمقيمة كالاوز المصرى. وقد يرى النسر الاذون أو النسر المصرى محلقا مع أسراب الحدأة السوداء التى تكثر فوق الضفة الغربية لاسوان.

(١٢) **أبو سمبل:** بسبب موقعها الجنوبى قد تصل اليها أنواع من الطيور الافريقية كالبجع الرمادى واللقلق اصفر المنقار وأبو مقص واليمام العربى وأبو فصادة الابقع.

(١٣) **جبل علبة:** يقع فى أقصى الجنوب الشرقى من مصر و يتميز بطيوره التى تأتى من أفريقيا جنوب الصحراء و يمكن رؤية طيور كالنعام والعقاب الاسود واليمام العربى، والدقناش وردى الصدر. وهذه المنطقة يصعب الوصول اليها و يجب الحصول على تصريح لمن يريد زيارتها.

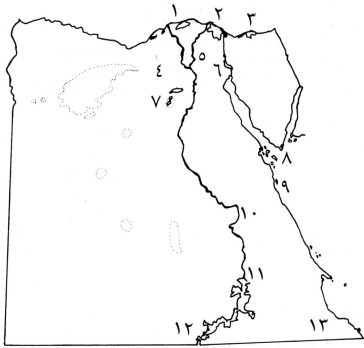

(٣) **بحيرة البردويل :** توجد هذه البحيرة فى شمل سيناء حيث تقع على مسار هام لهجرة الطيور خاصة طيور الماء. وزيارة هذه المنطقة فى فصل الخريف قد تكون مثيرة للغاية اذ يمكن رؤية الافا من طيور البلشون والبط خاصة الشرشير الصيفى مارا بالمنطقة . و يحذو حذوها أنواع الطيور الخواضة كالمدروان ، الفطيرة ، الدريجة والنكات . و يظهر طائر البشاروش بانتظام بالبحيرة وكذلك بملاحة بورفؤاد . أما شاطىء البحر المتوسط المتاخم للبحيرة فهو منطقة هامة لصيد السمان فى فصل الخريف .

(٤) **وادى النطرون :** يشتهر الوادى الذى يقع على طريق القاهرة الاسكندرية الصحراوى بأديرته و يحتوى أيضا على عدة بحيرات ومستنقعات غالبا ما تكون غنية بالطيور.

(٥) **القاهرة :** حدائق حيوان الجيزة مكان ممتاز لمراقبة الطيور. ليس فقط داخل الاقفاص ولكن خارجها ايضا . وفى أثناء أوقات الهجرة يمكن رؤية العديد من أنواع الطيور الصغيرة هنا . ومن ضمن الطيور المقيمة طائر تمبير وادى النيل وأبو قردان . أما الكروان السنغالى فيعشش على الكثير من أسطح مبانى مدينة القاهرة . وتعتبر محطات معالجة الصرف الصحى عامة أماكن جيدة لمراقبة الطيور. ومحطة المعالجة بالجبل الاصفر بالقرب من مطار القاهرة الدولى لاتختلف عن غيرها فى ذلك فهى منطقة جيدة لرؤية الطيور الخواضة و بعض أنواع قليلة الانتشار فى مصر كالبكاشينة المزوقة والقاوند والسبد المصرى .

هواية مراقبة الطيور

ان رؤية الطيور، ودراسة طرقها، يوفر متعة عظيمة. وهو فى متناول الجميع حيث تتواجد الطيور فى كل مكان. والطيور فى منطقة معينة، تختلف من شهر إلى شهر ومجرد التجول فى المناطق القريبة، يمكن أن يعطى الفرصة لمشاهدة أنواع مختلفة من الطيور. والادوات الوحيدة اللازمة لمشاهدة الطيور هى الأعين والآذان الحادة، وكذلك فان النظارات المعظمة تساعد كثيرا. ومشاهد الطيور المتمرس يحتاج لمرشد يحوى كل طيور مصر (انظر المراجع). ان مشاهدة الطيور هواية يمكن أن يتمتع بها كل الناس مع اختلاف اعمارهم وتعتبر هذه الهواية الممتعة ومجزية بالنسبة للمبتدىء والخبير المتخصص.

إذا اردت معلومات اضافية عن الطيور والحيوانات البرية فى مصر الرجاء الاتصال بـ:

مدير الادارة العامة للحفاظ على الحياة البرية
حديقة الحيوانات بالجيزة
الجيزة ـ مصر
تليفون: ٧٢٦٢٣٣

رئيس / الجمعية المصرية لعلم الطيور
طرف / شريف بهاء الدين
٤ شارع اسماعيل المازنى شقة ٨
هليو بوليس ـ القاهرة ـ مصر

أين تراقب الطيور فى مصر

على الرغم من أن الطيور يمكن رؤيتها تقريبا فى كل مكان وأن المناطق الزراعية بالاضافة إلى المناطق الصحراوية توفر العديد من الفرص لذلك، فأن هناك بالطبع أماكن أفضل من غيرها فى هذا المجال. وأفضل هذه الاماكن بعضها مدرج اسفل ومبين على الخريطة المرفقة. يجب ملاحظة ان بحيرة البرلس والمنزلة والبردويل من الصعب الوصول اليها وقد يحتاج من يريد زيارة هذه البحيرات الحصول على تصريح بذلك.

أما جبل علبة الذى يوجد على الحدود فيجب الحصول على تصريح قبل زيارة هذه المنطقة.

(١) **بحيرة البرلس:** ان خطر التجفيف لا يهدد هذه البحيرة بشدة مثل بحيرة المنزلة. وهى مشتى هام لانواع البط المختلفة كالصواى والكيش والخمراى وكذلك الغر والخطاف أبيض الخد الذى يمكن رؤيتهم بالالاف. والبحيرة يصعب الوصول اليها الى حد ما مما يعنى أن زيارتها قد تكون مثمرة أكثر من زيارة غيرها من بحيرات الدلتا.

(٢) **بحيرة المنزلة:** على الرغم من أن أجزاء كبيرة من البحيرة يجرى تجفيفها حاليا لغرض الزراعة، فانها لا تزال ذات جاذبية خاصة لهواه مراقبة الطيور. فهى مشتى هام لبط الكيش والنورس الصغير والخطاف أبيض الخد والعديد من الطيور الخواضة الاخرى خاصة طائر النكات.

الهجرة

ان الموقع الجغرافى الفريد لمصر كجسر بين ثلاث قارات : أورو با ، آسيا وأفريقيا ، هو سبب تركز ملايين الطيور المهاجرة فى هذه المنطقة .

ففى كل خريف وربيع تمر ملايين من الطيور المهاجرة عبر مصر ، آتية من مواطنها الأصلية ، خاصة من اسكندنافيا ، وشرق أورو با ، والبلقان وسيبريا ، ووسط آسيا ، وذلك فى طريقهم من وإلى شرق وجنوب أفريقيا .

ان الطيور المحلقة مثل البجع الابيض واللقلق الابيض والطيور الجارحة الكبيرة لها طرق واضحة للهجرة مستخدمة تيارات الهواء الدافئة الصاعدة المناسبة للتحليق .

ولما كانت هذه التيارات الهوائية الدافئة لا تتكون فوق المياه ، بحثت الطيور عن معابر قصيرة فوق المياه . و بالطبع أصبح البحر الاحمر والابيض يمثلان حاجزا للطيور المحلقة ، لذا فان كثيرا من الطيور المحلقة قد تركزت فى سيناء كمنطقة اتصال بين أوراسيا وأفريقيا .

وفى الشتاء تستضيف مصر كماً هائلا من الطيور ، و بصفة خاصة الطيور المائية ، حيث تمثل بحيرات شمال الدلتا مأواً رئيسياً لانواع عديدة من البط والطيور المائية الخواضة المشتية بمنطقة البحر الابيض المتوسط.

المحافظة على الطيور

مع سرعة التنمية فانه يجب وضع قوانين لحماية البيئة بالاضافة إلى قوانين خاصة للحفاظ على الطيور. حيث أن كثيرا من أنواع الطيور قد اختفت من مصر وعدد أكبر مهدد بالاختفاء ، وتناقص عدد الطيور الجارحة حتى أصبح ضئيلا بسبب الاستعمال المتزايد لمبيدات القوارض والمبيدات الحشرية . وكذلك تناقصت أعداد البط والطيور الأكبر الأخرى بسبب الصيد . كذلك فان صيد السمان بطريقة غير موجهة ، يقلل أعداد هذا النوع . وأيضا فان القنص الغير قانونى للصقور يشكل خطرا على هذه الانواع التى تتوارى أعدادها بصورة مؤسفة . ان المواطن المختلفة للطيور وخاصة الاراضى الرطبة ، مهددة بواسطة مشروعات الصرف والتجفيف . وللحد من الضرر فقد وضعت قوانين حديثة لحماية الطيور ، وتطبق هذه القوانين بكفاية متزايدة وتنشأ المحميات لحماية المناطق المعرضة للضرر بصفة خاصة . مثال منطقة الزرانيق ببحيرة البردو يل ، ورأس محمد وجبل علبة تعتبر أول المناطق المحمية الا أن هناك مناطق جديدة تضاف لقائمة المحميات كل عام .

و بالرغم من ذلك فان الأكثر أهمية هو وعى الشعب بالاخطار التى تهدد بيئتنا ، ومن خلال ذلك تهددنا . هذا الكتاب يأمل أن يثير هذا الوعى .

مقدمــة

تشغل مصر مساحة مليون كيلو متر مربع في الركن الشمالي الشرقي للقارة الأفريقية ، وهي تتمتع بموقع استراتيجي جغرافي كجسر بين القارات ، ولها شواطىء طو يلة على كل من البحر الابيض المتوسط والبحر الأحمر ، وتضاريس أرضها تتفاوت بين سلاسل جبال شاهقة ومسطحات رملية ، ومنخفضات شاسعة .

ان الجمـع بين الوضع الجغرافي الفريد ، والبيئات الطبيعية المختلفة في مصر كان له أهمية خاصة لتنوع الطيور بها ، ومن بين الـ ٤٣٠ نوعا من الطيور المتواجدة في مصر ، يوجد حوالي ١٥٠ نوعا من الطيور المقيمة ، والباقى إما مهاجرة أو زائرة شتو ية .

والطيور المقيمة بمصر تنتمي أساسا لمنطقتى « توزيع الحيوان جغرافياً » : هما أورو با وشمال آسيا من ناحية والمنطقة الأثيو بية من الناحية الأخرى . وأغلب الطيور المقيمة منحصرة في المساحة الخضراء لوادى النيل والدلتا ، و بعض واحات الصحراء الغر بية ــ وهذه تتكون غالبا من الطيور المغردة والطيور المائية .

ان هذا الكتاب قد صمم للمساعدة في التعرف على الطيور الشائعة في مختلف البيئات الطبيعية بواسطة الرسوم التوضيحية الملونة لنخبة كبيرة منها . والنص البسيط يهدف لتوفير مقدمة عامة عن كل طائر من حيث بيئته ، ومناطق تواجده وحالته .

البيئات الطبيعية

يوجد في مصر أنماط مختلفة من البيئات الطبيعية ، التى قد تختلف اختلافاً ملفتاً للنظر في بعض الأحيان ، كما هو الحال في التناقض الكبير بين وادى النيل والدلتا من جانب ، والصحارى المحيطة بها من الجانب الآخر .

وتقع مصر عمومـاً في قلب واحدة من أكبر المساحات الجافة في العالم ، ولكن جغرافية وتضاريس مصر بصفة خاصة ، قد سمحتا بوجود تدامج فريد من البيئات الطبيعية مجتمعة .

أمـا في جبال سيناء والصحراء الشرقية فهناك طيور مقيمة كثيرة ، هي غالبا طيور المناطق شبه صحراو ية ، وقليل من الطيور الجبلية النموذجية . وأيضا يوجد كثير من أنواع الطيور الجارحة ، و يوفر البحر الاحمر بنظمه البيئية الغنية بيئة طبيعية مناسبة لخمسة عشر نوع من الطيور المائية والطيور البحرية .

وتستوطن الطيور المكيفة لحياة الصحراء مساحات واسعة من الصحراء المصرية . فهناك طيور مثل المكاء ، وقنبرة البادية المصرية ، تتواجد في معظم الصحارى المصرية ، وهى قد تكيفت بصورة خاصة لتعيش تحت أقصى الظروف الصحراو ية .

تصدير

هذا الكتاب يستحق منا كل الترحيب ، فهو يقدم لنا وصفا موجزا باللغتين العربية والانجليزية ، لكل من الطيور الشائعة في مصر . هذا الوصف ، بالاضافة إلى الرسوم الواضحة ، يعين القارىء على التعرف على الطيور التى يشاهدها فى بيئته . وقد لاحظت العشيرة العلمية المعنية بصون الطبيعة فى مصر قلة الكتب التى تفيد المدارس ، ونوادى الشباب ، على اشاعة الاهتمام بالتاريخ الطبيعى ، و بالانشطة الحقلية ، التى ترتبط بالبيئة . وقد تقدم المؤلف برتل برون ، والفنان الرسام شريف بهاء الدين بهذا الكتاب ، الذى ستجد فيه المدارس العون على انشاء جمعيات لهوات ملاحظة الطيور، وهواة رسم الطيور.

والمأمول ان يكون هذا الكتاب فاتحة لكتب تالية ، تتناول المجموعات الاخرى من الطيور ، والمجموعات الاخرى من فصائل الحيوان والنبات . وتكون منها مادة تملأ فراغاً واضحاً فى الأدوات التعليمية المتاحة . شكراً للمؤلف والفنان الرسام ، وتحية إلى سائر الافراد والمؤسسات التى عاونت على نشر هذا الكتاب .

محمد عبد الفتاح القصاص
رئيس مجلس بحوث البيئة
اكاديمية البحث العلمى والتكنولوجيا

القاهرة مايو ١٩٨٤

شكـــــر

نتج هذا الكتاب من جهد تعاونى ملحوظ بين الهيئتين المذكورتين في الصفحة الثانية . وهدفه هو المساعدة فى التعريف بالمائة طائر الشائعة الرؤية فى مصر ، وفى جذب الاهتمام إليها .

والأنواع المختلفة من الطيور التى تم تسجيلها فى مصر ٤٣٠ نوعاً . منها حوالى ١٥٠ نوعاً ، من المعروف أنها تستوطن مصر .

وأنه من المأمول أن يلهم هذا المجلد الصغير البعض أن يتعهدوا بدراسة الطيور ، و يساعد الكثيرين على التمتع بالطيور المحيطة بنا .

وفى عملنا لاصدار هذا الكتاب ، تلقينا مساعدات سخية ، ومعونات من كثيرين ، نذكر منهم على وجه الخصوص : مستر دافيد أ . فرجسون ، والاستاذ صلاح جلال ، والدكتور حسن حافظ ، والدكتور مصطفى كامل حلمى ، والدكتور حسن اسماعيل ، والدكتور محمد القصاص ، ومستر لورنس ن . ماسون ، ومستر بيتر . ل . مييننجر ، ومستر و يم . س . مولييه .

نريد أن نعبر عن الشكر والاعتراف بالجميل لهؤلاء جميعاً وغيرهم .

الرقم الذى يتبع اسم الطائر يمثل المسافة بالسنتيمتر من منقار الطائر إلى ذيله .

الحروف الانجليزية التى تتبع الأرقام التى على الصور تعنى :
m ذكر / f انثى / s صيف / w شتاء / a كبير / i يافع

فهرس الطيور

(الأرقام المذكورة هى أرقام اللوحات ـ وليس الصفحات)

المحتويات

٥

نشر بالتعاون بين وكالة حماية الحياة البرية الأمريكية وصندوق المحافظة على الأراضى المقدسة وشركة ب . ب . لتنمية البترول (فرع مصر)

حقوق النشر محفوظة لقسم النشر بالجامعة الأمريكية بالقاهرة، ١٩٨٥ ، ١٩٩٠

١١٣ شارع قصر العينى
القاهـرة ـ مصـر

الطبعة الرابعة ١٩٩٩

رقم دار الكتب : ٩٠/٤٧٩٠
الترقيم الدولى : ٤ ٢٣٩ ٤٢٤ ٩٧٧

طيــور مـصر الشائعــة

طبعة منقحة

مع قائمة للطيور المصرية

تأليــف

برتل برون
شريــف بهاء الدين

رســوم
شريــف بهاء الدين

قسم النشر بالجامعــة الأمريكيــة بالقاهـرة

طيــور مصــر الشائعــة